Couvertures supérieure et inférieure manquantes

Documents manquants (pages, cahiers...)

NF Z 43-120-13

DE LA PAGE

À LA PAGE

LES

CIMETIÈRES ET LES MARCHÉS

DU VIEUX DIJON

Les cimetières de Dijon, le sujet paraîtra funèbre. Il semblera que l'on pouvait se dispenser d'aller promener ses études dans ces jardins-là de la mort. Ne furent-ils pas toujours des endroits tristes et délaissés? des lieux de deuil dont on s'éloigne volontiers? Parler de la vie et de l'histoire des cimetières, fussent-ils de Dijon, quel paradoxe plus inconvenant qu'ironique! Ils ne peuvent avoir une histoire puisqu'on n'y a jamais vécu.

Je viens d'indiquer brièvement une erreur fort répandue. Elle a sa source dans cette tendance qui nous pousse à supposer à nos ancêtres nos nerfs, nos conditions de vie, nos philosophies, nos préoccupations d'hygiène. Depuis que les maisons de rapport, les déclamations des médecins et nos craintes ont expulsé des villes les tombes, nous avons pris l'habitude de ne les voir que de loin, entre les quatre murs où, trop à l'étroit, pressées, empilées, écrasées les unes contre les autres, elles restent dans la solitude et quelquefois l'abandon.

Il n'en était pas de même au moyen âge.

A cette époque, comme aux temps barbares, le cimetière... mais c'est l'endroit le plus bruissant, le plus affairé, le plus turbulent, le plus pensant, le plus commerçant de l'agglomération rurale ou urbaine. Pendant une grande partie de l'ancien régime, dans les vieux pays surtout, tels la Bourgogne, l'on retrouve, sur les ossuaires, les danses et les fêtes, qu'au déclin du VIe siècle, le concile d'Auxerre s'efforçait vainement de repousser des églises (1).

Peine perdue, puisque jusqu'à la fin du XVIe siècle, chaque année, la veille de la Saint-Jean, le peuple de Dijon se livre à des rondes échevelées autour de la « foulière » dans le cimetière de Saint-Jean, et va porter sa grosse joie jusque sur les marches de l'autel (2). Et ce n'était un stupéfiant privilège ni de la fête, ni du cimetière, ni de l'église de Saint-Jean. Aux autres veilles de grandes fêtes les autres cimetières dijonnais et les autres églises dijonnaises entendaient retentir les mêmes chants et tremblaient sous les mêmes danses. Le parlement ne se formalisa qu'assez tard. Le 22 juin 1555 il défendit à tous qu'aux veilles des grandes fêtes « étant assemblés aux églises pour faire lesdites veilles, ils n'ayent à chanter chansons

(1) Concile d'Auxerre (573-603), c. 9 : « non licet in ecclesia chorus sæcularium vel puellarum cantica exercere nec convivia in ecclesia præparare, quia scriptum est : domus mea domus orationis vocabitur. *Monum. german. hist.* Leg. sect. III, *concil.*, ed. Maassen, t. I, p. 180.

(2) J. Garnier, *Le Feu de la Saint-Jean à Dijon*, *Annuaire départemental de la Côte-d'Or*, Dijon, Jobard, 1890, p. 472 et ss.

dissolues ni faire scandale, bruit ou desrision en icelles » (1). Dès lors le tapage de la danse macabre s'affaiblit et s'éteint peu à peu dans la ville, mais on continue d'en percevoir les échos dans les campagnes. Les vassaux du seigneur de Martigny-le-Comte dansent encore dans le cimetière de la paroisse jusqu'au 3 mars 1560, jour où un arrêt du parlement de Dijon le leur interdit. On fut même obligé d'aller, le 2 juin 1614, jusqu'à l'arrêt rendu au grand conseil (2).

En dehors des fêtes et des cérémonies extraordinaires (3), dans les habitudes quotidiennes, dans le train-train de toutes les heures, nous voyons un laisser aller tout pareil (4). Je ne sais si, lorsqu'on demanda,

(1) Bib. de Dijon, Fonds Saverot, n° 3, Extr. des Reg. du Parl., t. I, f° 95.

(2) Ces deux arrêts sont cités par Merlin, *Répertoire de Jurisp.*, Bruxelles., 1825, v° Cimetière.

A Saint-Désert, en 1751, aux jours annuels il est fait « deffense de s'attrouper avec fusils lors des mariages et notamment d'entrer sur le cimetière avec aucune arme ni de faire boire à la poche à la porte de l'église » : Demaizière, *Notice historique sur Saint-Désert et ses hameaux*, Mâcon, 1896, p. 29.

(3) Les prédications un peu importantes se font dans le cimetière, Arch. dép. de la Côte-d'Or, G, 131, f° 481.

Pour les enterrements solennels, Arch. mun., I, 45-48, et le Recueil des registres du parlement, Biblioth. mun., ancien fonds, n° 461, t. IV, p. 937-947. Nous voyons également dans les chartes de Saint-Etienne un mystère représenté devant la grande porte de Saint-Etienne sous le porche de l'église, dans le cimetière.

(4) Lors du ban des vendanges la commune de Saint-Apollinaire doit à la mairie de Dijon une immense tarte que l'on distribue sur une tombe à tous les assistants. Sur cet usage, et sur la tentative des habitants de se soustraire à la redevance en rentrant la pierre tombale dans l'église, voir Garnier, *La Culture de la vigne et le ban de vendanges à Dijon*, *Annuaire départemental de la Côte-d'Or*, Dijon, Jobard, 1891, p. 480 et 491, note 51.

le 2 mai 1603, à Ysaac Gaillard, Jean Morisot et leurs enfants, joueurs de hautbois « qui c'est qui a coupé l'arbre de tillot au cimetière Saint-Pierre »(1), ces zélés instrumentistes donnaient là leurs habituelles aubades; mais ce qui est certain c'est qu'au XVIe siècle (2), les gens vont, tous les jours, « jouer et tenir brelans » au cimetière Saint-Philibert, malgré les prêtres scandalisés qui voudraient en fermer les portes; c'est que le 10 novembre 1559 (3), l'on est obligé de défendre à tous, sous peine d'amende arbitraire, de jouer à quelque jeu que ce soit aux cloitres et « pourpris » des églises et monastères; et, qu'au début du XVIIe siècle, en février 1624, le parlement de Dijon mande au procureur syndic de veiller à faire cesser « les brelans » que les vignerons et autres « gens mécaniques » tenaient à l'entrée et dans l'allée de l'église des Jacobins (4).

Dans le cimetière médiéval l'on va, l'on vient, l'on se repose. Les verts écrans des ormeaux (5) remplaçant

(1) Arch. mun. de Dijon., Reg. des délib., B, 240, f° 285.

(2) Arch. mun., Reg. des délib. (18 juillet 1593), B, 231, f° 59 v°. Le parlement eut souvent à défendre ces brelans : Bibl. municip., arrêts du parl. de Bourg., Fonds Saverot, n° 1, v° Brelans (8 janvier 1698).

(3) Arch. mun., Reg. des délib., B, 197. En 1389 on défendait de jouer à la paume aux jacobins, malgré les moines. Arch. mun., B, 133, f° 36 v°.

(4) Arch. dép. de la Côte-d'Or, B. 12069 ter, f° 29 v°. Les manuscrits sont restés au greffe de la cour d'appel. Dans les arrêts que nous trouvons il y en a qui correspondent à un effort général fait pour donner au culte plus de sévérité. En 1583 on interdit de se promener dans les églises de Dijon sous peine d'amende : Arch. dép. de la Côte-d'Or, B. 12084, f° 11. Cet arrêt n'est qu'une application, faite en Bourgogne, d'une ordonnance royale de mai 1579, Isambert, *Rec. génér. des anc. lois franç.*, XIV, p. 391.

(5) Arch. mun., B, 133, f° 76 v°.

les coulées d'ombre plus triste et plus massive de nos sapins et de nos cyprès invitaient au délassement pendant les chaudes journées d'été. Point n'était besoin d'invoquer, avant le XVIIe siècle, des servitudes de passage : jusqu'alors les promenades et les « piésentes » à travers les gazons des morts allaient de soi. Il faut dire, pour tout expliquer, qu'il y avait, en ces temps-là, près des tombeaux de nombreuses maisons où logeaient des prêtres et même des laïques. MM. Perrier et Raviot (1) en signalent « à Notre-Dame, à Saint-Jean, à Saint-Philibert, à Saint-Etienne, à Saint-Nicolas et encore ailleurs ». Cela en plein XVIIIe siècle! Ajoutons, pour achever le tableau, que les cimetières n'étant pas enclos, leur accès était facile non seulement aux personnes mais même aux animaux (2). De là des scènes imprévues, des rapprochements bizarres, un aspect de place publique de village transportée au milieu des croix funéraires de la capitale de la Bourgogne.

Avec les jeux voisinaient les affaires. Sur la tombe du débiteur mort, l'on payait autrefois ses créanciers (3) et cette forme peu connue et fort curieuse de l'exécution testamentaire ne doit pas échapper à l'attention des juristes. Ils ne verront pas au cimetière

(1) Perrier et Raviot, *Arrêts du Parlement de Dijon*. Dijon, 1735, II, p. 449. Nous en trouverons de nombreuses preuves dans le cours de cette étude. Addo Arch. mun., D, 49.

(2) Voir dans Merlin, *Répert.*, *loc. cit.*, les observations de Lalaure sur l'arrêt du parlement de Dijon du 12 décembre 1609.

(3) Arch. dép. de la Côte-d'Or, Fonds de Saint-Etienne, G, 132, f° 62 (A° 1269). Rapprocher l'exécution testamentaire le jour de l'enterrement. Petit de Vausse, *Hist. des ducs de Bourgogne*, II, preuves, n° 687 (a° 1181).

que des moyens de satisfaire les créanciers (1), ils observeront aussi comme on leur échappe. Pour se soustraire aux dettes de la communauté, la femme allait déposer sur la fosse du mari défunt sa ceinture, ses clefs et sa bourse ; et le motif de s'étonner ne fut pas mince, en l'année 1404, lorsqu'on vit cette renonciation solennelle, désagréable aux créditeurs, accomplie par Marguerite de Flandres elle-même, la veuve du noble duc Philippe le Hardi (2).

Non seulement les actes isolés, mais encore la justice tout entière s'accomplissait sur les ossuaires (3). Au pied d'une grande croix de pierre (4), en face du

(1) C'est également là que les sergents vendaient les gages, Arch. mun., D, 41. Nous le prouverons plus loin.

(2) Les lettres de renonciation de la duchesse se trouvent aux Arch. dép. de la Côte-d'Or, B, 307.

(3) Cela allait de soi pour les cas qui regardaient la justice ecclésiastique « Et se li prestres voit que ciz suit encolpez de mesclerie, il le doit aiornez par devant ses parrochiens au cimetere » *Ancien coutumier de Bourgogne*, éd. Marnier, ch. XXXII.

(4) Arch. mun., B, 156, f° 84 r° (délib. du 28 juillet 1444), et B, 161, f° 163 r° et v° (27 juin 1388). La croix, nous rapporte une note manuscrite du registre des délibérations, fut enlevée en 1705 pour l'embellissement et l'étendue de la place lorsque l'hôtel abbatial de Saint-Bénigne eut été « raccommodé » pour le logement de MM. les intendants de province ; mais, « le tout, ajoute-t-on, sans préjudicier à la juridiction et aux droits de la ville qui demeurent dans leur entier ». On rencontre, dans beaucoup d'autres localités de Bourgogne, des croix devant lesquelles on rendait la justice. Telle la croix et l'orme du charme de Beire-le-Châtel. *Beire-le-Châtel et ses anciens fiefs*, par l'abbé Bourgeois, Dijon, 1880, p. 314, 412, 413. Pour Pommard, en 1507, le châtelain prétend qu'il a le droit de tenir ses jours « en la place devant la croix de Pommard ou ailleurs ». Arch. dép. de la Côte-d'Or, B, f° 256 v°. Nous sommes portés à croire que beaucoup de ces lieux étaient primitivement des cimetières. Telle la place des Halles de Gemeaux qui renferme « la pierre à faire acte de justice ». Huguenin, *Un village*

monastère de Saint-Bénigne, le maire de Dijon séait « en jugement » et nommait ses officiers. L'abbaye n'avait renoncé qu'à contre-cœur au droit de faire elle-même des « exploits devant ladite croix ». Elle payait de ce prix la faveur avec laquelle elle avait entouré dans ses premiers temps la « liberté » de Dijon. On sait que c'est sur le cimetière de Saint-Bénigne, à la porte de Saint Philibert, que tous les ans, la veille de la Saint-Jean-Baptiste, après les sonneries du « cor » et les « cris » d'usage, on procédait à l'élection du mayeur et des vingt échevins (1). Les passions électorales d'alors valaient les nôtres. Leur vivacité était extrême. Les registres de la mairie nous montrent que, fréquemment, il y avait des tumultes et de violentes compétitions à cette occasion. Cela suffit pour indiquer combien grande était autrefois l'agitation des vivants sur la poussière des morts (2).

Bourguignon sous l'ancien Régime, Gemeaux, Dijon, Darantiere, 1893, p. 153. Peut-être cette pierre n'est-elle que l'ancienne assise de la croix plantée devant les Halles? ibid., p. 171. A Chevigny, sur la justice par devers la croix de la place : Arch. dép. B. 12256, f° 195. A Vitteaux nous retrouvons la justice en plein cimetière : « si quis de communia vel ipsa communia mihi aliquid foris fecerit oportet in cimiterio G. Germani Vitelli veniat et ego per majorem, commune ad judicium juratorum de eo vel de ea justitiam capiam, nec eos extra predictum cimiterium vel placitare vel cartam compellere potero. Charte de Vitteaux de 1250. Arch. dép. de la Côte-d'Or, série E, ville de Vitteaux. Sur la croix de la place de Chenôve remplacée lors de la Révolution par un arbre de la liberté, Marc, *Histoire de Chenôve*, Dijon, 1893, p. 127.

(1) [illegible]rnier, *Charles de communes*, I, 43, note 2.

(2) [illegible]n dehors de la justice les délibérations de la commune se prennent aussi là dans les cas importants : quand on s'accorde avec le duc sur les droits de justice, Arch. mun., B, 133 ; B. 149; quand on accorde l'immunité du monastère aux chartreux (1409), Arch. mun., D, 47 ; cf. B, 133 f° 25° r°, 26 r° et v°, 27 r°.

Au cimetière se rendent les ouvriers pour se louer ou recevoir les communications qui leur sont propres (1); au cimetière se font les exécutions de marchandises jugées de mauvais aloi. C'est là qu'on effraie les fripons en brûlant les méchantes denrées, les victuailles immangeables (2) et en les fouettant eux-mêmes si le cas le requiert (3). Au cimetière enfin se tiennent les marchés. Je veux m'arrêter un moment à cette fonction du cimetière qu'il me paraît intéressant de mettre en lumière. Cette étude nous permettra non seulement d'ajouter Dijon à la liste nombreuse des villes où les marchés se tenaient sur le champ funèbre (4), mais encore nous croyons qu'elle nous fournira des indications utiles pour l'établissement de la topographie de la vieille cité, la formation de ses paroisses et de ses places publiques et l'envahissement progressif des justices ecclésiastiques par la justice municipale. Voyons donc à établir l'existence de ces marchés funéraires à Dijon; nous en chercherons en-

(1) Arch. mun., B, 133, f° 29 r° (cimetière de Saint-Michel, février 1389/90). « *Item* que len cria que nuls ouvriers quelconques n'aillent que en la place Saint-Michel pour eux louer, à peine de 5 sols que payera chacun qui sera trouvé faisant le contraire et aussi nuls quelconque ne les loe ailleurs que en la dicte place à la peine que dessus. »

(2) Arch. mun., B, 132 (1387).

(3) Arch. mun., B, 130 (1385); B, 139 (1397); M. 55. B, 140, (1397).

(4) Arch. mun., B, 132 (1388). Des indications sur les marchés installés dans les cimetières se trouvent dans P. Huvelin, *Essai historique sur le droit des marchés et des foires*, Paris, Rouen, 1897, p. 45 et note 22, 354 note 4; pour les peuples étrangers, *ibid* pp. 59, 62, 68, 75. Et surtout Flach, *les Origines de l'ancienne France*, t. II, p. 17, et *passim*.

suite l'étendue, l'antiquité, pourquoi ils ont adopté cette place et pourquoi ils l'ont quittée (1).

I

Installation des marchés sur les cimetières.

De petits magasins de vente, des logettes, existaient encore au début du XIXe siècle contre l'église de Saint-Michel. En cherchant un peu, peut-être, en verrait-on encore les traces sur les murs de l'église. Pendant l'année 1669 nous voyons que, déjà, la municipalité louait pour y « vendre mercery » celles qui se trouvaient sous la portelle de Saint-Etienne devant le portail de Saint-Michel. Bénéfice peu considérable, sans doute, pour son budget, mais que néanmoins elle n'avait pas recueilli sans de nombreuses contestations. Le cardinal de Givry, abbé de Saint-Etienne en 1537 (2), et avant lui, un autre abbé du même monas-

(1) Sur les foires et marchés à Dijon, on trouve quelques pages dans Courtépée, *Descript. du duché*, 2e éd., t. II, pp. 435-440. Voir aussi une brochure de M. Chapuis, *Les Foires et les marchés à Dijon*. Dijon, Nourry, 1905, et un travail plus étendu et plus complet de M. Collette, *Les Foires et marchés à Dijon*, paru dans la *Collection d'études... de la Faculté de droit de Dijon*. Nourry, 1905. Mais le sujet est loin d'être épuisé, comme l'indique d'ailleurs le dernier auteur, p. 6.

(2) Arch. mun., K, n° 100. Nous y voyons les dimensions d'une de ces logettes, celle du sieur Bourra joueur d'instruments. La boutique est « longue de douze pieds, large de six et a environ neuf pieds d'élévation jusqu'au sommet du toit ». En dessous, il y avait une cave ou cellier. Sur la location de ces logettes, voir aussi Arch. mun., B. 169.

tère, en 1478 (1), avaient revendiqué ces modestes logettes et soutenu que la mairie ne pouvait les « assencer à son profit ». Les abbés de Saint-Etienne avaient-ils raison? Nous le chercherons plus tard. En attendant, nous remarquons simplement que la municipalité louait des logettes sur le cimetière de Saint-Etienne au XVe et au XVIe siècle; qu'elle fit même, en 1538 (2), façonner trente petites tables pour en augmenter les étaux; qu'on y vendait des marchandises et particulièrement « la mercery ».

Oh la mercerie n'était pas le seul commerce de l'endroit! A certains jours les « harengs et autres poissons de marée » (3) venaient voisiner avec elle. C'étaient là les débris d'un marché plus général, marché de meubles, marché aux grains surtout. Une délibération des premières années du XVIIe siècle (4) défend la vente de ces choses au cimetière de Saint-Michel, sous peine de confiscation des objets étalés, au profit de la fabrique de l'église, et de trois livres d'amende. Dans notre pensée, évidemment, l'on s'efforce d'entraver une ancienne pratique.

Il n'aurait pas fallu chercher bien loin pour trouver des logettes semblables à celles de Saint-Michel autour des autres églises de Dijon : Je crois même qu'elles en avaient toutes. En faisant quelques pas, l'on aurait aperçu celles de Saint-Etienne : c'est dans l'une d'elles,

(1) Arch. mun., K. 128.

(2) Arch. mun., B. 181.

(3) Arch. mun., B. 197. Sur les autres denrées du marché de Saint-Michel où l'on vend des poires en 1512, des paissaux en 1668, voir Collette, loc. cit., p. 65.

(4) Arch. mun., B. 251.

sur le cimetière, entre l'abbaye et Saint-Médard, que le fameux imprimeur dijonnais Jean Desplanches (1) tenait boutique. Autour de Notre-Dame il y en avait d'autres particulièrement bien achalandées, et que la fabrique de Notre-Dame, plus heureuse en cela que les fabriques des églises voisines, avait conservé la faculté de louer à la fin de l'ancien régime. Elle les accensait encore en 1734 (2). Mais à quoi bon insister sur les petits négoces des cimetières dijonnais du XVIIIe siècle, négoces très anémiés, réduits à la mercerie, à la vente de cierges, d'épingles, d'instruments de musique, etc., alors que nous pouvons démontrer l'existence de très grands marchés et foires sur les mêmes lieux à une époque bien antérieure.

C'est à propos d'un procès entre Saint-Etienne et la mairie que nous obtenons les renseignements les plus complets à ce sujet. Les différentes pièces en sont dispersées dans les archives municipales et départementales et n'ont pas obtenu jusqu'ici toute l'attention qu'elles méritent.

La scène se passe autour de Notre-Dame au début du XVe siècle.

Le jour de l'annonciation Notre-Dame, c'est-à-dire le 25 mars de l'année 1411, Dominique Vauchesin, échevin et lieutenant du maire de Dijon, accompagné d'autres échevins de la ville, en faisant sa tournée pour surveiller la foire, rencontre Humbert Thierry, le procureur syndic de la ville. Il lui apprend que plu-

(1) Arch. dép. de la Côte-d'Or, Fonds de Saint-Etienne, G. 135, f° 203 (a° 1519).

(2) Bresson, *Histoire de l'église Notre-Dame de Dijon*, Dijon, 1891, p. 308.

sieurs femmes « revenderesses de chandoilles de cire », qui avaient été conduites par le lieutenant au cimetière de Notre-Dame pour y vendre leurs chandelles, ont été jetées hors du cimetière par un agent de Saint-Etienne, un certain Jeannot Berthot. Ils ordonnent au procureur d'aller « querre » les expulsées et de les mener derechef pour y vendre « audit cymetière, huiz de ladite église ».

Le procureur obéit; il s'en va, ramène les chandelières au cimetière, et leur défend bien d'en bouger « quoiqu'en dirait Berthot ».

Grand brouhaha à Saint-Etienne. Les religieux furieux dépêchent deux des leurs, Michel Colombier et Pierre de Chatillon, pour expulser les chandelières. La besogne ne fut pas facile; celles-ci, qui sentaient derrière elles l'appui de la ville, du « corps mystique » de la ville, comme on disait à Châtillon et à Nuits, opposèrent de la résistance quand on voulut les « bouter hors »; mais le frère Pierre de Chatillon les secoua rudement. Dans cette lutte les victimes furent les chandelles : le frère Pierre en jeta par terre et en « depecia plusieurs ».

Le tout ne s'était pas accompli sans tapage, et point n'est besoin des documents, pour entendre les cris aigus des chandelières ; le procureur-syndic accourt, et en présence des religieux, il en appela des « exploits » de justice exécutés par ceux-ci et « de l'oppression faite aux chandelières », sans autrement baptiser son appellation (1).

(1) Et s'il ne baptise pas son appel c'est parce qu'il aurait voulu aller au parlement de Beaune et, auparavant, réserver à la mairie l'examen de la question.

Le fougueux frère Pierre de Châtillon qui est, lui aussi, procureur, mais de Saint-Etienne, lui répond de la même monnaie par un appel, bien baptisé celui-ci, un appel au parlement de France. »

Cela ne mit pas fin aux voies de fait. Humbert Thierry avait déclaré aux chandelières qu'elles devaient continuer de jouir de leur droit, puisque l'appellation des religieux de Saint-Etienne « nestoit pas contemptieuse ». On sut lui répondre. Plusieurs fois il ramena sur le champ funèbre les chandelières et leur marchandise, et chaque fois, sur les chandelles litigieuses, le procureur de Saint-Etienne accomplit de nouveaux « exploits ».

Pendant ce temps, pour préparer le procès, et répondre aux ajournements, les écritures ne chômaient pas. Des mémoires furent rédigés de part et d'autre. Le fragment qui nous est parvenu de celui de la mairie est précieux pour l'étude de la situation et du droit des marchés de la ville.

La municipalité, après avoir déclaré qu'elle avait toute justice et juridiction haute, moyenne et basse en la ville et banlieue, y revendique le monopole de la police en général et de celle des marchés en particulier.

Elle prétend que le maire et les échevins « aux jours prives comme aux jours de foires et marches » et « par especial a jour de foire et mesmement au jour de Notre-Dame, en mars, de la Saint-Pierre et Saint-Paul et autres jours de foires et de marchandises » (1),

(1) Il y a là une idée assez remarquable : dans la pensée du temps, en principe, les bénéfices de la fête d'un saint doivent appartenir à l'église consacrée à ce saint. C'est ainsi que lors des

ont le droit de visiter les places de la ville « esquelles l'on a coutume de vendre denrées » et d'en disposer de façon à ce qu'elles ne soient pas encombrées et que « les chemins des rues demeurent francz et despechez ».

Ils ont droit et sont « en possession de deffendre a tous quils nenpêchent aucunes personnes ou marchans de vendre danrees es lieux et places communes de la ville soit n lieu de cymetiere. »

Et ils ont tellement le droit de bailler lesdites places que « aucun soit de ladite ville ou autre, devant sa maison, ou ailleurs, ne peult prandre louhier ou salaire aulcun de ceulx qui vendent esdites places et tellement que silz en prenoient salaire ilz lamenderoient (1). »

C'est donc leur droit de police que le mayeur et les échevins invoquent avant tout. Mais on pourrait leur objecter qu'ils peuvent choisir d'autres emplacements que les cimetières. Les lieux saints ne semblent pas précisément destinés à devenir des bazars et le rendez-vous des marchands avides et peu scrupuleux. Les magistrats dijonnais sentent l'objection. Ils répondent qu'il n'y a pas d'autres endroits convenables pour les marchés, que les seules places de la cité, ce sont les cimetières.

contestations sur la foire de la Saint-Jean entre Saint-Etienne et Saint-Jean, cette dernière indiquait comme argument que la foire devait lui appartenir puisque le jour lui appartenait. Arch. dép. H. Fonds de Saint-Bénigne, carton 2. Petit de Vausse, *Histoire des ducs de Bourgogne*, I, Preuves, n° 131. La mairie est consciente qu'elle va à l'encontre de l'ancien usage : ce qu'indiquent les mots « et mesmement ».

(1) Sur ce point, Arch. dép. de la Côte-d'Or, Registres de la justice municipale de Dijon, B², n° 9, f° 213 r° et v° (a° 1389/90); nous citons une partie du document plus loin.

« *Item* et quelesdites foires et marchés et par especial la foire de ladite feste appellée la... MARSAINCHE ont esté tenues et ont acoustume de tenir tant ou cymetière de *Notre-Dame* dudit Dijon comme de *Saint-Jehan*, à *Saint-Nicolas* et *Saint-Michiel*; et EST LA RAISON POUR CE QUE CE SONT LES PLUS BELLES ET NOTABLES PLACES DE LA DITE VILLE; et tellement que EN ICELLE VILLE N'A AULCUNES AUTRES PLACES COMMUNES ou a tout de moins trespaul (1). »

D'ailleurs, pourquoi se scandaliser? N'est-on pas à une époque où la tradition semble rendre vénérables tous les faits qu'elle a confirmés? Ils deviennent coutumiers, donc légitimes.

Cette tradition, les marchés des nécropoles de Dijon peuvent l'invoquer.

« *Item*, que esdites places, et par especial ou dit cymetière de Notre-Dame, LON A COUSTUME DE TOUS TEMPS de vendre TOUTES DANRÉES tant chandelles comme aultres. »

La vente des chandelles de cire au cimetière, continue la mairie, est un fait général : il n'y a pas un cimetière d'église à Dijon où l'on ne rencontre cette vente.

« *Item*, et pareillement le fait on, et a lon acoustumé de faire, en tous les cymetieres de ladite ville, tant es jours des festes des eglises dicelle ville comme a autres jours, esquelx jours les chandelieres dicelle ville, et autres, ont accoutume de vendre et appourter leurs

(1) Tripot : parfois halle, marché. Voir Godefroy, *Dictionnaire*, v° *Tripot;* en Bourgogne le mot *Trébillai* ou *Trépillai* signifie marcher sur : Mignard, *Histoire de l'idiome bourguignon*, v° *Trébillai;* Maillard de Chambure, *Glossaire du Morvan*, v° *trépiller*.

chandoilles de cire pour vendre, et sans aucun contredit ou empeschement jusquau present empeschement.

Item, et pour monstrer évidemment, il est vray que en l'église de *Saint-Bénigne* dudit Dijon, de *Saint-Jehan*, de *Saint-Philibert*, du *Saint-Esprit*, des *Carmes*, des *Cordeliers*, des *Jacobins*, de la *Magdeleine*, du *Temple*, de *Saint-Pierre*, de *Saint-Estienne*, de la *chappelle monseigneur le duc*, de *Saint-Medart*, de *Saint-Michiel*, de *Saint-Nicolas*, la *Maladière* et autres, et es cymetieres dicelles, et aussi oudit cymetiere et eglise de *Notre-Dame*, lon a acoustume vendre de tous temps lesdites chandoilles, et ce sans quon les ait empeche (1). »

Pour mieux affirmer son droit, le 27 mars 1412, la municipalité réglementa les places que devaient occuper les différents métiers autour de l'église Notre-Dame. On y voit que les « merciers, mégiciers, bonetiers peuvent se placer... en toute la place devant l'église Notre-Dame excepté qu'ils ne se mettront point sur les degrés de l'église (2) ».

Le procureur de Saint-Etienne avait invoqué la protection du roi sous la sauvegarde duquel était placée l'abbaye. Elle ne lui fit pas défaut. Le mandement du roi Charles VI ordonnant la réintégrande se trouve encore aux archives (3). Ce fut Pierre de Poligny, sergent du roi, qui mit à exécution les lettres royaux,

(1) Arch. mun., D, 44.

(2) Arch. mun., B, 148.

(3) 28 juin 1412. Arch. dép. de la Côte-d'Or, Fonds de Saint-Etienne, G. 197. C'est par inadvertance que M. Garnier, dans son inventaire, indique la date de 1419. On trouve deux copies du document au même dépôt, G. 134, f° 104, et aux Arch. mun., D. 44.

le 24 mai 1412, et ajourna le procureur syndic de la ville et les coupables devant le parlement de Paris.

Le procès ne fut pas poussé bien loin. Les deux plaideurs étaient puissants. Vraisemblablement des amis communs les apaisèrent. Il y eut, de plus, une crainte commune de voir le conflit tranché, au détriment des adversaires, par la suppression pure et simple des marchés sur les cimetières. Toujours est-il que les parties acceptèrent l'arbitrage de l'official de Langres et du bailli de Dijon.

La décision des arbitres, très intéressante au point de vue qui nous occupe, mérite d'être rapportée.

« *Premièrement.* En celle place de la dicte eglise de Notre-Dame, que lon appelle le *pourtaul* et laquelle place est entre la premiere porte et la seconde dever occident, et la *quelle place est dediee comme appert par les signes de croix de dedicacion en tant du long comme du large que celle place se comporte,* len ny pourra fere ne fera len jamais aucuns estauls ou bancs ou taubles ne autres edifflces quelconques pour y vendre *merceries* ou autres denrées que quelles soient, ne icelles danrées ne ce vendront en celle place, mes dehors la première porte, en tous lieux convenaubles de coste les murs dicelle église. *Par dehors pourra ledit monseigneur l'abbé fere estauls un ou pluseurs en tel nombre que bon lui samblera* pourveu que iceulx estauls ne empechent en rien lentrée dicelle église ne pourtent point de gries domaige a icelle, et en ce les bourgois et habitans ne le pourront empechier... »

« *Item Monseigneur l'abbe... seul* et pour le tout, *puet fere vendre par ses gens en la dicte eglise et aux portes dicelle et en tous les lieux du cimetiere entour icelle eglise* chandoiles de cire et autres luminaires et offrandes sen ce que aucuns des bourgois ou habitans puisse vendre es diz lieux aucune chose des dessus dictes se nestoit du consentement Monseigneur labbe, *reserve que les habitans, qui ont leurs demorances environ ledit cimetiere ou en icellui, povent vendre es estaulx de leurs dictes maisons toutes danrees comme est acostume.* »

En terminant l'on parle des avantages accordés à l'abbé comme d'un dédommagement « *des emolumens des estaulx qui souloient estre nagaires ou pourtault dessus dit* » (1).

Il ressort de ce qui précède :

1° Qu'avant la transaction l'on vendait même dans l'endroit dédié, même « ou pourtault », puisqu'on indemnise l'abbé du préjudice qu'il éprouve du fait de la cessation de cette vente ;

2° Qu'après la transaction, l'on continue à vendre sur le cimetière; l'abbé de Saint-Etienne conserve un monopole pour les luminaires et autres offrandes ;

3° Que ce monopole ne peut léser toutefois les droits de ceux qui ont leurs maisons installées sur le cimetière et qui jouissent du droit de vendre librement à leurs étauls, privilège qui appartient à tout bourgeois de Dijon (2).

(1) Arch. dép. de la Côte-d'Or, Fonds de Saint-Etienne, G. 197 et G. 131, f° 98. Ces différents documents sont également conservés aux Fonds de Notre-Dame : Voir J. Bresson, *Histoire de l'église Notre-Dame de Dijon*, 1891, pp. 55, 56, note 1.

(2) C'est le privilège des bourgeois d'avoir le droit de vendre et d'acheter en tout temps et de tenir étal ouvert. Les étrangers ne peuvent le faire. La charte des « percones de Dijon » de mai 1268 nous dit que ceux qui ne paient pas la taille ne peuvent

Après un succès si marquant l'abbé fut tranquille à Notre-Dame. Son droit parut désormais si bien établi que les vendeurs surpris en 1437, sur le cimetière de cette église, n'osèrent le contester en justice et firent défaut (1).

Là ne s'arrêtèrent pas les effets du conflit de Saint-Etienne et de la municipalité. Cette dispute sur la juridiction des marchés du cimetière avait fait grand tapage et était venue aux oreilles du duc. Il y eut de chaudes alertes à Dijon, en 1412 et 1413, quand on lut à la municipalité les trois mandements du duc de Bourgogne Jean sans Peur ordonnant « de oster les marchés du cimetiere et de tenir les jours de feste ». Qu'allait-on faire? Où donc tiendrait-on les marchés? Aux trois mandements répondirent les trois délibérations des 19 février et 4 avril 1412, et du 13 février 1413, par lesquelles la municipalité déclarait ne point pouvoir obéir aux lettres et tolérer leur « exécution en la forme qui sont... Veu que sest contre les Privilèges » et pour de plus amples explications on envoya à Paris un échevin (2).

Telle fut la contestation de Saint-Etienne et de la ville. Elle nous fournit de nombreux renseignements sur l'emplacement préféré des marchés dijonnais. Nous savons, d'une façon irréfutable, qu'ils se tiennent sur les cimetières de Dijon, et en particulier sur

« vendre enfeur sepmaine ne tenir ouvreur se nest a jour de marchie, ainsi comme estrange ». Bibl. municipale, manusc. n° 116, f° X verso.

(1) Arch. dép. de la Côte-d'Or, Fonds de Saint-Etienne, G. 131, f° 110.

(2) Arch. mun., B. 148, f° 128 v°.

les places de Notre-Dame, de Saint-Jehan, Saint-Nicolas et Saint-Michel ; en outre que la police et juridiction du marché du cimetière est disputée à la mairie par Saint-Etienne ; enfin qu'on n'établit point de distinction entre la place publique et le cimetière puisqu'on déclare que les cimetières étaient les plus belles places publiques de Dijon. Ceci est très important, nous le verrons, pour l'histoire de la formation de la ville. Mais quelle était l'étendue approximative de ces cimetières places publiques ? Etaient-ils restreints aux seules places publiques ou présentent-ils une surface beaucoup plus étendue ? Peut-on considérer des fractions entières de la cité comme comprises dans les cimetières ? Voilà des questions qu'il est urgent de nous poser et auxquelles les documents précédents ne répondent que très vaguement. Heureusement nous en trouvons d'autres.

II

Etendue et antiquité des cimetières dijonnais.

Les pérégrinations des prisonniers de la maison du Singe vont nous permettre de retrouver un marché très important, le marché du cimetière de Saint-Etienne, que le mémoire de la municipalité ne nous présentait pas parmi ceux que l'on tenait « sur les plus belles et notables places de la ville », et en même temps nous indiquer l'étendue de ce cimetière.

Il s'agit d'une requête adressée par les magistrats de Dijon à l'évêque de Langres, requête que l'évêque mentionne dans ses grandes lignes avant d'indiquer quelle réponse il lui fait, le 3 mai 1510 (1). Désireux de soumettre au lecteur une des bases principales de notre future démonstration, nous en reproduisons ici de larges extraits.

Voici ce que disait l'évêque : « Michael (2), dei gratia episcopus dux lingonensis ac par Francie, Universis... etc. Exposuerunt nobis dilecti nostri viccecomes maior et Decuriones insignis oppidi Divionensis *quedam in dicto oppido esse loca que sola popularis fama religiosa testatur*, videlicet vicos seu plateas infra designatas incipiendo a domo defuncti magistri Petri Bonfeal et procedendo per plateam que est ante ecclesias Sancti Stephani et Sancti Medardi et ultra transeundo ante gradus claustri capelle Regie usque ad angulum illius vici qui respicit domum publicam dicti oppidi, vulgo nominatam de Beauchamp, et deinde, volvendo ad sinistram, per vicum illum coherentem capiti capelle, quo itur ad cemiterium domine Mariæ, eundo per illum vicum extra tamen septa dicti cemiterii usque ad locum ubi est domus quondam Christiani Villocart. »

On nous indique qu'il existe à Dijon un vaste terrain qui a la réputation d'être un lieu religieux. Ce lieu de franchise commençait à la maison de Pierre Bonfeal. Le Pierre Bonfeal dont il s'agit ici est le seigneur de Solon, Barges, Fenay, Chevigny, Couchey, Quincey et Echigey, conseiller du duc de Bourgogne en ses conseils et en ses parlements et maitre des requêtes de son hôtel,

(1) Arch. mun., C. 1.

(2) Il s'agit de Michel Boudet que Roussel, *Le Diocèse de Langres*, I, p. 118 indique avoir été évêque de 1511 à 1529, et le *Gallia Christiana* de 1512 jusqu'à 1523-1529, tome IV, p. 633 : or notre document est du 3 mai 1510.

qui épousa en 1461 Nicole de Salives, fut maintenu par Louis XI en sa charge d'avocat général au Parlement de Dijon et nommé maître des requêtes de l'hôtel. Il mourut en 1493, nous apprend Palliot, dix-sept ans avant la publication de notre requête (1). Ce Pierre Bonféal peut être considéré comme le premier commentateur de la Coutume de Bourgogne.

Où était située sa maison ?

Nous n'avons pas d'indications précises sur ce point, mais nous croyons qu'en raisonnant un peu, on peut arriver à déterminer approximativement l'emplacement cherché. Cette maison se trouvait certainement en dessous de l'ancienne rue Portelle, plus tard rue des Jésuites, actuellement rue de l'Ecole-de-Droit ; car la requête de la mairie (2) nous apprend que le lieu de franchise empêchait de mener facilement les prisonniers de la maison du Singe (ancien hôtel de ville, actuellement place de la maison Koch, 36, rue Chabot-Charny) au parlement. Or nous savons par les travaux de M. Garnier (3) que l'entrée principale de la maison des Singes se trouvait dans la rue qui fut plus tard la rue des Jésuites. On traversait un long couloir entre deux

(1) Palliot, *Hist. du Parl. de Bourgogne*, p. 331, 331 ; Bouhier, *Histoire des commentateurs de la coutume de Bourgogne*, Dijon, 1742, I, p. 1 et 2. Garnier et Muteau, *Galerie bourguignonne*, Dijon, 1858, I, p. 78, citent en outre parmi les auteurs qui ont parlé de Bonféal : Févret, *De clariss. orat. Burgund. dialogus*, et Perry, *Histoire de Chalon*. Il est fait mention de Pierre Bonféal, dans la *Correspondance de la mairie de Dijon*, publiée par J. Garnier, I, pp. XLVII, LXIII, 133, 135, 137.

(2) Voir *infra*, p. 30.

(3) J. Garnier, les deux premiers hôtels de ville de Dijon, *Mémoires de la commission des antiquités de la Côte-d'Or*, t. IX, Dijon, Lamarche, 1874-77, p. 1-111.

bâtiments (1), l'un à gauche pour l'auditoire, l'autre à droite pour les chambres du conseil et des comptes. Quant aux prisons, elles étaient au fond, sur le mur même du castrum. Il y avait vraisemblablement une porte qui donnait sur la rue du Petit-Pautet et permettait d'entrer et de sortir directement les prisonniers, pour éviter de leur faire traverser le long couloir qui menait jusqu'à la rue actuelle de l'Ecole-de-Droit. Je ne pense pas qu'on puisse admettre que le lieu de franchise vînt barrer la porte principale de l'hôtel de ville. Cela étant, pour ne pas traverser tout le couloir, et sortir les prisonniers directement sur la rue du Petit-Pautet, puis les mener au parlement, il aurait fallu, une fois rue du Petit-Pautet, passer par la rue des Singes, faire quelques pas dans la rue Saint-Etienne (ces deux rues font actuellement partie de la rue Chabot-Charny), de là tourner à gauche par la rue actuelle de l'Ecole-de-Droit et gagner le parlement. On ne le pouvait pas parceque l'emplacement actuel de la rue Chabot-Charny était un lieu de franchise.

Si cette explication est la bonne, la maison de feu Pierre Bonfeal devait se trouver au bas de la rue des Singes, du côté de l'ancienne porte de Varranges, à l'extrémité du castrum, dont le mur est suivi extérieurement par la rue du Pautet à gauche et du Petit-Pautet à droite (2).

(1) *Oper. cit.*, p. 6.

(2) Ce qui nous confirme dans nos inductions, c'est que dans les recherches que nous avons faites dans les liasses des archives de Saint-Etienne, Arch. départ., G. 288, nous trouvons qu'une maison dite de l'Etoile, située entre la voie commune et derrière la maison du Singe, rue du Petit-Pautet, est revendiquée en 1515 précisément

Si nos inductions sont vraies, et nous ne croyons pas nous tromper de beaucoup, le lieu de franchise commençait près de l'ancienne porte de Varranges, il suivait la rue des Singes, la rue Saint-Etienne, comprenait les places qui se trouvaient alors devant les églises de Saint-Médard et Saint-Etienne et sur lesquelles le plan d'Edouard Bredin de 1574 (1) nous montre une croix qui, à elle seule, rendait très vraisemblable l'existence de la franchise et d'un cimetière (2). Au delà de ces places, on était encore sur le terrain religieux, il passe devant les marches de la Sainte-Chapelle et va, nous dit le texte, jusqu'à l'angle de la rue qui regarde le nouvel hôtel de ville de Dijon ou maison de Beauchamps.

De quelle rue parle-t-on ?

Il ne s'agit certainement pas d'une rue qui suivait l'emplacement actuel de la rue Lamonnoye ou du moins du tronçon de la rue Lamonnoye qui va de la place Saint-Etienne jusqu'à la rue Longepierre, car ce

par les héritiers de messire Jean Bonféal. Ceci peut faire conjecturer que la maison des Bonféal n'est pas loin si l'on ajoute qu'en 1555 nous voyons que, rue du Petit-Pautet, l'on parle de l'assencement d'une maison qui tient d'un côté à Me Pierre Bonféal dit Laberbe, « abboutissant par derrière sur les vieux murs du château et par devant sur la rue ». Ce Pierre Bonféal est le petit-fils de Jean Bonféal et le fils de Etienne Bonféal, écuyer, en son vivant demeurant à Dijon. Habite-t-il l'ancienne maison de Jean Bonféal ?

(1) Ce plan est inséré dans la *Cosmographie universelle de Munster*, augmentée par Bellefort. Paris, Sonnius, 2 vol. in-f°, 1575. L'article Dijon a été rédigé par MM. Desbarres, Martin, anciens maires de Dijon et le père Buffet carme — Ce plan a été publié à nouveau dans la *Description générale du duché de Bourgogne* de Courtépée, t. I., p. 220, 2e édit., 1847.

(2) Le concile de Clermont de 1095 (can. 29, 30) attribuait le droit d'asile même aux croix établies le long des chemins.

tronçon ne fut établi que postérieurement à l'année 1589; il ne s'agit pas non plus de la rue Longepierre dans sa partie nommée alors rue des Prêtres et rue Derrière-l'Hôtel-de-Ville, car le texte nous dirait que l'on va à droite, *volvendo ad dexteram*, reprendre la rue qui tombe sur la place de l'Hôtel-de-ville. Au lieu de cela, il indique que l'on continue tout droit « *et ultra* » en passant devant les marches de la Sainte-Chapelle. Il ne peut s'agir que d'une rue que l'on voit très bien sur le plan de Bredin (la rue du Cloître) (1), rue qui fait un demi-cercle à droite et va rejoindre la rue Malgré-Toi, plus tard rue du Secret (actuellement prolongement de la rue Longepierre) qui se trouvait vis-à-vis de l'hôtel de ville, et débouchait à droite sur la place de l'Hôtel-de-Ville.

A gauche le lieu de franchise suit cette rue, passe entre la Sainte-Chapelle et le cimetière Notre-Dame, et se prolonge du côté de la rue au Change, jusqu'à la maison de Chrétien Villocart.

Lorsqu'on examine le trajet indiqué dans notre requête l'on remarque qu'il suit une ligne qui va environ d'une extrémité du castrum à l'autre; d'une maison qui se trouve vraisemblablement au midi, près du mur du castrum, du côté de la porte de Varranges à une autre maison située au nord, également le long du mur du castrum, le long de la rue Longepierre actuelle. Vrai-

(1) Ce chemin passait en 1360 contre la Sainte-Chapelle, entre l'église et la maison Berteaul Dugrey, mais il était trop étroit pour charroyer et « si fait le grand charroy qui y vay trambler et acrouler la muraille de l'église, l'abbaye le remplace par un autre depuis la maison Rochard Du Chan jusqu'à la grange Richard Clérrembaut. Arch. dép. de la Côte-d'Or, Fonds de la Sainte-Chapelle, G. 1152.

semblablement le lieu de franchise, les *loca religiosa* comprennent tout l'espace situé entre la ligne précitée et le mur du castrum à l'est.

Cette limite des murs du castrum à l'est se comprend facilement : ce fut celle de l'ancienne paroisse de Saint-Médard; mais d'où vient l'autre limite, celle qui va du nord au midi ?

Nous croyons que pour l'expliquer il faut se rappeler que le Suzon entrait dans la ville de Dijon au nord et se divisait alors en deux bras : l'un filait directement vers la porte de Varranges (1), l'autre faisait un crochet du côté de Saint-Étienne. Sur son emplacement l'on a retrouvé, en 1810, un coursier de moulin (2). Il allait rejoindre ensuite le premier bras avant sa sortie du castrum. Il est difficile de ne pas croire à la coïncidence des deux limites, et que la limite du cimetière de Saint-Médard ne fut précisément ce second bras du Suzon urbain.

La requête du maire et des échevins nous fait savoir, la tradition nous rapporte que tout cet espace du castrum était un lieu religieux et avait autrefois servi de sépulture chrétienne. Elle évoque le souvenir d'un cimetière qui aurait autrefois compris un bon tiers du castrum.

Cette tradition, la mairie ne la nie pas expressément. Elle ne s'inscrit pas en faux contre elle. Elle la com-

(1) Vallot et Garnier, Rapport sur le cours du Suzon, *Mémoires de la commission des antiquités de la Côte-d'Or*, I (1838-1841), p. 184.

(2) Ibid., p. 184. Si les limites de la franchise de Saint-Étienne sont celles du second bras du Suzon, il faut corriger le plan figuratif annexé au rapport précité.

bat par un certain nombre d'arguments d'à côté dont nous allons de suite juger la valeur.

« Et quamvis nemo viventium unquam viderit vel audierit in eisdem aliquem christiani nominis sepultum fuisse, neque ullo scripto id satis comprobatum hactenus inveniatur : ymmo sunt dicta loca ab immemoriale tempore pro via publica et communi omnibus etiam curruum et equorum transitu ; IN EISQUE ANNONA VENDATUR, MERCIMONIA OMNIUM RERUM ac alia prophana a loco religioso aliena ab antiquo et quotidie tractentur et exerceri soleant. »

Les arguments sont réellement surprenants.

On dit d'abord que personne des vivants n'a jamais vu ni entendu qu'on ait enterré un chrétien dans cet endroit — et que ce n'est prouvé par aucun écrit. Mais alors, qu'est-ce que cette *publica fama* qui atteste tout le contraire, et qui est si forte qu'elle embarrasse les magistrats qui n'osent aller à l'encontre ? Il faut que l'on joue sur les mots : on veut dire qu'aucune personne vivante n'a vu ni entendu qu'on ait enterré là un chrétien « de son temps », dans le temps actuel, en 1510 — mais si la mairie avait ajouté « de son temps », on lui aurait répondu que cela n'était pas nécessaire pour qu'un lieu fût religieux, qu'un cimetière ancien, non désaffecté, conservait cette qualité.

Le second argument nous étonne encore davantage.

« Ce qui prouve que l'endroit dont nous parlons n'est pas religieux, continue la mairie, c'est que, de tout temps, ces lieux ont servi de rue publique, ont été traversés par les chars et les chevaux — On y vend du blé et toutes sortes de marchandises, et l'on y accomplit une quantité d'actes profanes qu'on ne fait point sur les lieux religieux. »

Voilà l'argument : il vient d'une mairie qui, par trois délibérations rendues un siècle auparavant, avait affirmé que le droit de vendre sur les cimetières était un privilège intangible de la ville ; d'une mairie qui voyait encore toutes les semaines des marchés installés sur les cimetières ! — Il est difficile de croire à la bonne foi des suppliants. Ils sentent tellement le peu de force de leurs prétentions ; ils comprennent tant qu'ils sont dans leur tort, que quand ils veulent faire transférer les prisonniers de l'ancien hôtel de ville, c'est-à-dire de la maison du Singe, au nouvel hôtel de ville ou à la cour du parlement — il leur faut faire des détours considérables pour éviter le lieu de franchise.

« Licet etiam immunitas dictorum locorum plurimum res publicæ officiant, cum, ut ipsi dicunt, in eis sunt vie publice per quas rei possunt facilius deduci ex carcere quem domum symie appellant ad domum rei publice dicti oppidi etiam ad supremam parlementi curiam, quod nisi cum magno labore et incommodo per alios quam suprascriptos vicos fieri non potest. Nichillominus ita ecclesiaticam venerari auctoritatem pro ratione *ex antiquo maiorum exemplo* sibi instituerunt, ut laborem et dispendia hactenus maluerunt suffere, a vicis et plateis predictis pie abstinendo, et *religiosam immunitatem relinquere illesam* donec ducendi et reducendi reos transeuntes tamen et sine mora per dicta loca a nobis petiissent et obtinuissent facultatem, sine qua *creditam pie* et si non satis comprobatam immunitatem nunquam violarent. — Ea de re humiliter supplicantes ut, consideratis omnibus suprascriptis, utilitati rei publice consului. Et gratiam eis impartiendo permittere et concedere velimus eisdem solum transitum et facultatem deducendi reos per predictos vicos sine aliqua mora, *salva in locis predictis quacumque alia immunitate*, graciam et auctoritatem nostram super hoc implorando. »

En finissant leur requête, les maire et échevins avaient déclaré à l'évêque, qu'à l'exemple de leurs prédécesseurs, et pour respecter une immunité qui, si elle n'était pas complètement prouvée, était du moins une tradition pieuse, ils se sont abstenus de faire passer sur elle leurs prisonniers. — Ils demandaient non pas la suppression de l'immunité, mais simplement la permission de faire passer leurs prisonniers.

C'était, au fond, reconnaitre l'existence de l'immunité. On la laissera subsister, on ne demande qu'un droit de passage.

L'évêque de Langres se laissa toucher par une supplique aussi révérente. Il nomma comme commissaire chargé d'examiner la gestion Nicolas Gautherot, son scelleur de Dijon. Sur un rapport favorable, l'évêque consentit à faire droit à la demande de la ville, en lui accordant le passage pour une durée de dix ans. C'était une faveur. Elle ne devait pas nuire à l'immunité.

« Justis tamen ad hoc ut nos inclinantibus causis, et maxime ponderata necessitate per supplicantes nobis proposita, eisdem ut usque ad decem annos et non ultra *per dicta loca que religiosa pie creduntur* ex domo symie ad domum publicam et ad curiam parlamenti vel alio loco reos traducere et reducere valeant toleramus.

Solum tamen transitum pro traductione reorum et *absque morosa cunctatione promittentes, captione tamen aut extractione cuiuscumque persone nondum in manibus justicie existentes et continuo detente sed ibidem immunitatem implorantes, atque alio quocumque facto immunitati ecclesiastice contrario*, penitus intradictis ipsos etiam supplicantes per onmipotentis dei et ecclesie sponse ejus honorem movemus ut hac tolerantia pro sua necessitate sic poterit ab ecclesiis et cimiteriis domini Stephani, sancti Medardi, capelle regie sacratissimæ virginis Mariæ se reverentie elongare audeant. Preterea speramus aliquid melioris remedii adeo conferendum *salvo in omnibus jure immunitatis ecclesiastice* in nullomodo per predicta preiudicare intendemus. Dato in castro nostro de Gurgeyo, die tertia mensis maii, anno domini millesimo quingentesimo decimo (1).

On pourra passer désormais à travers les cimetières de Saint-Etienne, de Saint-Médard, de la Sainte-Chapelle et de Notre-Dame *salvo in omnibus jure immunitatis ecclesiastice.*

Nous verrons le cas que la ville fit de cette immunité qu'elle reconnaissait tacitement en demandant la dispense de l'évêque. Nous verrons qu'elle la détruisit si complètement que des savants comme M. Garnier ont cru qu'elle n'avait jamais existé et que toute la lutte entreprise entre les églises et la mairie pour la justice marquait une série d'empiètements des églises faits à l'encontre du droit municipal. La vérité est qu'il en fut tout autrement : c'est la municipalité qui

(1) Arch. mun., C. 1 (3 mai 1510).

a envahi ; ce sont les églises qui furent dépouillées (1). En attendant la démonstration que nous espérons pouvoir faire d'une façon plus complète de ce point, nous signalons ici la grande étendue du cimetière de Saint-Etienne. Il comprend, comme nous l'avons déjà dit, un bon tiers du castrum. Dès lors il nous est permis de croire que les autres cimetières extra-muraux, qui avaient à l'origine un champ beaucoup plus vaste et plus libre autour d'eux, devaient être également considérables et probablement même se toucher. La chose est certaine pour Saint-Bénigne. Nous savons d'une façon précise non seulement que le cimetière comprenait au XIe siècle l'endroit sur lequel s'élevaient les églises de Saint-Philibert et de Saint-Jean mais qu'il allait jusqu'à la rive droite du vieux Suzon (2), limite qu'avait encore au XIe siècle l'immunité de Saint-Bénigne et qu'elle tenta même de dépasser.

Quant aux cimetières de Saint-Michel et de Notre-Dame ils se touchent presque encore au XVe siècle, ils ne devaient faire qu'un au Xe, le fait nous semble certain (3). Il n'est même pas improbable que ce cime-

(1) C'était du reste fatal et à un certain moment de leur histoire les immunités ecclésiastiques et leur asile présentèrent plus d'inconvénients que d'avantages.

(2) La limite du Suzon est indiquée dans la confirmation de la libertas du cloître donnée en 1015 ou 1018 par le roi Robert, confirmée en 1015 puis en 1066 par le duc Robert Ier (Dom Plancher, I, preuves, n° 36, 39). Petit, *Hist. des ducs*, I, n° 6, p. 317, puis par une première charte de Hugues Ier en 1073 ou 1075 (Dom Plancher, I, n° 41). Arch. dép., Fonds de Saint-Bénigne, cartulaire, f° 30, Dom Plancher, I, preuves, XLI. Voir aussi les bulles des papes Grégoire VII de 1078, Honorius II de 1129, Lucius III de 1181. Arch. dép., chartrier de Saint-Bénigne, privilèges des papes.

(3) On ne voit pas pourquoi Saint-Bénigne aurait eu seul le privi-

tière entourant le castrum pour une grande partie se soit prolongé jusqu'à l'emplacement où s'élevèrent au XIIe siècle les paroisses de Saint-Pierre et même de Saint-Nicolas (1). Il ne serait pas de la sorte sensiblement plus grand que le cimetière de Saint-Bénigne. Vers les Xe et XIe siècles, probablement en partie sous l'influence des invasions normandes, s'est adjoint à ces cimetières extramuraux, le grand cimetière intra-mural de Saint-Etienne que nous venons de délimiter (2). Son succès auprès des Dijonnais fut tel, qu'au milieu du XIe siècle, il est devenu une pomme de discorde entre les abbayes de Saint-Etienne et de Saint-Bénigne.

Ces immenses cimetières, ceux surtout du dehors, nous paraissent provenir de la fusion de deux conceptions différentes : la conception antique de la sépulture isolée et la conception chrétienne de la sépulture collective.

Chez les anciens, il n'existait pas de cimetières, à proprement parler : on enterrait les morts autour de la ville, le long des routes de préférence. Les divers travaux faits, au hasard, autour de Dijon, ont révélé des sépultures non seulement à l'est, tout le long de la

lège du grand cimetière, alors que le cimetière (de Saint-Etienne) a une antiquité aussi grande et qu'il n'y a aucun motif de croire que sa clientèle était moins nombreuse.

(1) C'est peut-être pour ce motif que Geoffroy, évêque de Langres, 1153, prétendait que la nouvelle enceinte qui enfermait les paroisses dont nous parlons était bâtie sur sa terre. Dom Plancher, *Hist. de Bourg.*, I, pr., p. 48 ; *Gall. christ.*, IV, col. 153. Fyot, *Hist. de l'église Saint-Etienne*, p. 8, 9.

(2) L'abbé Chenevet dans Courtépée, I, p. 432, remarque que les cimetières ne pénétrèrent pas dans les villes avant les VIIIe et IXe siècles.

voie d'Agrippa près du parc (1), du boulevard Carnot (2), de Montmusard (3), des Argentières (4), des Petites Roches (5), des Lentillières (6), etc., mais encore sur l'emplacement futur de Saint-Pierre, dans la rue du Vieux-Collège, près de Saint-Michel (7), au nord-ouest de la ville près du boulevard Victor-Hugo (8), au nord-est du côté de la place Saint-Nicolas (9), à l'ouest, du côté de Saint-Bénigne et de l'ancienne fontaine Renie (10), etc., etc. En réalité c'est une poussière de sépultures répandue le long des routes tout autour de Dijon, ce n'est pas un cimetière, et les savants dijonnais qui avaient essayé de tracer l'aire du cimetière antique de Dijon ont dû renoncer à leur entreprise. Ils lui trouvaient au début une longueur de 1700 mètres depuis les abords du parc au midi (11) jusqu'à l'extrémité de Montmusard au Nord ! Encore leur calcul était-il imparfait, car il leur aurait fallu étendre de beaucoup le champ funèbre au nord et au sud. Au Nord l'on a découvert des sépultures jusqu'à la cha-

(1) *Mémoires de la commission des antiquités de la Côte-d'Or*, XII, 28 ; X, p. LXXXIII ; VIII, p. 16-19 ; I, p. 28 ; VII, p. 70, 100, 137, 139.

(2) Ibid., VII, p. 136.

(3) Ibid., I, p. 28.

(4) Ibid., IX, p. 101.

(5) Ibid., X, p. 36-70.

(6) Ibid., X, p. 70.

(7) Ibid., XII, p. 28.

(8) Ibid , X, p. 36.

(9) Ibid., III, pp. 11, 12.

(10) Ibid., I, p. 28, X, p. 70.

(11) C'était le calcul de M. Lory, *Mémoires de la commission des antiquités de la Côte-d'Or*, VII, pp. 70, 100, 157. L'abbé Chomton, *Hist. de l'église Saint-Bénigne*, p. 15, admet aussi un cimetière païen de deux kilomètres.

pelle Saint-Martin (1), au sud il y en a le long des routes qui vont jusqu'à Auxonne et Saint-Jean-de-Losne (2). Où s'arrêter, où finir (3) ? sans cesse de nouvelles fouilles allongeaient, étendaient, enflaient ce cimetière gigantesque.

Toute autre était la conception du cimetière chrétien, telle du moins qu'elle se manifeste dès les environs du IVe siècle (4). L'honneur qu'on rend aux martyrs, la puissance qu'on leur attribue auprès de Dieu sont tels qu'on désire être enterré dans leur voisinage (5). Ils intercéderont le jour du grand réveil pour ceux qui se trouveront à leurs côtés, et même ceux-ci participent déjà aux prières et aux sacrifices qui se font dans les basiliques des martyrs pour tous les morts. Dès lors les fidèles s'efforcent d'être enterrés auprès de l'église ou de la chapelle où repose le saint, dans l'atrium fermé qui entoure l'église.

Un décret de Clotaire II vers 595, dans son chapitre 13 (6), décida que, lorsque les atria des églises ne seraient point fermées, l'on considérerait comme leur

(1) On y trouve des sépultures barbares, *Mémoires de la commission des antiquités de la Côte-d'Or*, V, 250.

(2) Ibid., VI, p. 44 (Mignard).

(3) M. Lory calculait que les sépultures des Lentillières étaient à 800 mètres de la voie romaine, Ibid., X, p. 70.

(4) Sur ces cimetières, Chomton, *Hist de l'église Saint-Bénigne*, p. 9, qui place leur origine au IIIe siècle.

(5) Thomassin, *Ancienne et nouvelle discipline de l'église touchant les bénéfices et les bénéficiers*. Paris, 1679, t. I, p. 66 et p. 177.

(6) Decretio Chlotarii Regis, c. XIII. Nullus latronem vel quemlibet culpabilem, sicut summis Episcopis convenit, de atrio ecclesiae trahere praesumat. Quod si sunt Ecclesiae quibus atria clausa non sint, ab utraque parte parietum terre spatium arpennis pro atrio observetur, Baluze, *Capitularia Reg. Franc.*, I, col. 21.

tenant lieu un arpent de terre pris de chaque côté de l'église, ces deux arpents devinrent bientôt un cimetière, et ces cimetières débordèrent vite les deux arpents.

C'était d'autant plus inévitable que les cimetières se trouvant beaucoup trop étroits, l'on était obligé de mettre les cercueils les uns sur les autres. Près de Saint-Etienne, on a trouvé, sous la maison située au n° 6 de la place Saint-Michel, jusqu'à cinq couches d'inhumations (1). A Saint-Bénigne on a rencontré des corps superposés jusqu'à six mètres de profondeur (2). Il y avait là un inconvénient : les corps se mélangeaient, une effroyable confusion régnait dans les charniers. Aussi des conciles dont on ne peut méconnaître l'importance, au point de vue bourguignon, intervinrent. Le concile d'Auxerre (573-603) défendait dans son canon 14 « mortuum super mortuum mitti » (3), et le concile de Mâcon de 585, can. 17, ordonnait que « superimposita corpora de eisdem tumulis reiactentur » (4).

Sans doute on dut chercher à tourner la prohibition des conciles en établissant des séparations bien nettes entre les diverses sépultures. A Saint-Bénigne, on trouve trois couches de sépultures : au fond des cercueils en grès, au-dessus des cercueils en maçonnerie,

(1) M. Lory, qui a examiné ces sépultures, fixait leur date au VIIe siècle, *Mémoires de la commission des antiquités de la Côte-d'Or*, XII, p. 23.

(2) *Mémoires de la commission des antiquités de la Côte-d'Or*, X, p. 70. Cf. I, p. 23, XII, p. 92.

(3) *Monum. Germ. hist. L., Concilia.* etc. Maassen, 1893, p. 181.

(4) *Monum. Germ. hist.* ibid., p. 171.

enfin des cercueils en pierre d'Asnières (1). Mais il est difficile de croire que les pauvres gens aient pu subvenir aux frais de pareilles sépultures, ils se faisaient enterrer dans les environs du pourpris de l'église et les idées païennes qui considéraient comme *res religiosa* (2) tout endroit où se trouvait un cadavre, aidant, on en arriva à reconnaître la qualité de cimetière à tout l'espace de terrain sur lequel la tradition affirmait qu'il y avait eu des sépultures.

L'on se trouva dès lors en présence des vastes cimetières du moyen âge si favorables, nous le verrons, au développement de l'immunité ecclésiastique et dont les cimetières dijonnais offrent un exemple remarquable (3).

C'est sur ces immenses cimetières que se tenaient déjà, au IXe siècle, aux portes du castrum les foires et marchés de Dijon, à l'époque où la charte de 863 nous

(1) M. Garnier fait remonter les premières couches à l'apparition du christianisme en Bourgogne. *Mémoires*, X, p. 70.

(2) Gaius, II, 6.

(3) Dans les auteurs ecclésiastiques, le mot cimetière ne désigne pas seulement les vrais cimetières mais les terres qui environnaient les églises et qui leur étaient contiguës.

Lenain de Tillemont, *Hist. des emper. rom.*, t. III, p. 282 et 283. Chouer, *Hist. du Dauphiné*, t. II, p. 47. Thomassin, *Ancienne et nouvelle discipline de l'église concernant les bénéfices et les bénéficiers*, Paris, 1679. A l'époque actuelle, les voyageurs sont encore étonnés de l'immense étendue des cimetières chez les Orientaux. Pour la Tunisie, voir Guy de Maupassant, *la Vie errante*, 23e édit., Paris, Ollendorff, 1898, p. 193.

Au moyen âge l'immense étendue des cimetières de la Bretagne et les profits qu'ils engendrent, outre le droit d'asile et l'immunité, sont signalés par de Beaurepaire, *Bibl. de l'école des Chartes* (1851), p. 165. Sur les cimetières de Normandie et les droits qu'on y trouve *Summa de legibus Normann.*, ch. XXII, § 7, 8 ; XXXI, § 1.

révèle pour la première fois leur existence, et nous pensons qu'ils y étaient depuis longtemps.

Mais en faisant cette affirmation, il semble que nous perdions tout point d'appui sur les textes et que nous nous exposions témérairement à une grave objection.

III

Les faux de Saint-Bénigne.

L'objection la voici :

Les auteurs (1), qui se sont occupés des origines de Dijon, indiquent souvent que, primitivement, la ville

(1) Dom Plancher, *Hist. de B.*, I, p. 40, 321, fait allusion à la véracité des bulles mais ne parle pas du cimetière. Girault, *Essais historiques et bibliographiques sur Dijon*, Dijon, 1814, p. 124, se contente de dire que Saint-Philibert « est l'ancien cimetière de Dijon ». *Cf.* p. 41-43. Cherenet dans Courtépée, I, p. 433, pourtant favorable à Saint-Etienne, soutient simplement que le pape Sergius, en l'an 697, avait décidé « que le cimetière (de Saint-Bénigne) appartiendrait en commun aux deux églises » et que, par la suite, Saint-Bénigne s'en empara : « On sait qu'au préjudice de cette bulle, le terrain de ce cimetière appartint dans la suite en son entier à l'abbaye de Saint-Bénigne sans qu'il soit possible d'en fixer une époque ni de dire comment et à quel titre se fit ce changement ». Il ne suppose donc pas qu'il y avait un cimetière autre que celui de Saint-Bénigne. Chabeuf, *Dijon, monuments et souvenirs*, 1894, p. 19, dit en parlant de Saint-Bénigne : « là était le baptistère de Saint-Jean et le cimetière des fidèles ». Garnier dans son étude sur le Suzon, parue dans les *Mémoires de la com. des ant. de la Côte-d'Or*, II, p. 184, ne met en doute ni la lettre de Sergius ni le témoignage de la chronique de Saint-Bénigne. Dans les *Chartes de communes*, I, p. 8, note 6, il déclare que le cimetière de Saint-Bénigne était, « avant l'établissement des paroisses, le cimetière général de la ville ». Dans le même sens l'auteur de l'article *les Cimetières de Dijon*, dans le *Progrès de la Côte-d'Or*, du 1er juillet 1885.

n'avait qu'un seul cimetière, le cimetière de Saint-Bénigne. S'il en avait été ainsi nous ne pourrions prétendre que le marché de Saint-Etienne se tenait sur le cimetière de cette église au IXe siècle, et auparavant, puisque Saint-Etienne n'aurait eu un cimetière qu'assez tard, vers le Xe ou XIe siècle.

A notre avis l'opinion commune est inexacte.

Elle repose uniquement sur l'affirmation de la chronique de Saint-Bénigne, affirmation que la démonstration récente et péremptoire des faux de Saint-Bénigne nous permet de suspecter.

Cette histoire des faux de Saint-Bénigne est maintenant bien connue. La chronique de Saint-Bénigne raconte que saint Grégoire de Langres au VIe siècle, dans une disposition confirmée par les papes Jean III (560-574) et Benoît I (574-578), puis par Sergius Ier (687), avait donné à l'abbaye de Saint Bénigne le cimetière dit de Saint-Bénigne. En outre la chronique nous donnait une copie de ces bulles du pape Jean et du pape Sergius (1).

Des bulles du VIe et du VIIe siècle ne se rencontrent pas communément — aussi pendant longtemps des auteurs considérables de traités de diplomatique, comme Mabillon, Maffei, Bréquigny, Marini, etc., citèrent nos bulles et les admirent comme vraies.

Des doutes survinrent toutefois qui furent exprimés par Jaffé et par Léopold Delisle (2). On remarquait que, dans les deux documents, la date de l'indiction

(1) *Chronique de Saint-Bénigne*, édit. Bougaud, *Analecta divionensia*, 1875, in-8°, p. 63.

(2) *Bibliothèque de l'École des Chartes*, 6e série, t. III, pp. 455-466.

était fausse; que les pièces étaient expédiées par un bibliothécaire et datées de l'année du pontificat, usages de la chancellerie pontificale qu'on ne rencontre qu'au IXe et au Xe siècle et non au VIe; enfin que les documents contenaient la formule « salutem et apostolicam benedictionem », formule qui n'apparait qu'au XIe siècle.

A ces indices probants l'on peut adjoindre maintenant la preuve décisive qui nous a été donnée par les savantes recherches du regretté M. Guignard et de M. Léopold Delisle (1). Ils ont retrouvé les fragments des originaux mêmes des fameuses bulles du VIe et VIIe siècle, fragments que pendant longtemps l'abbaye avait conservés précieusement — et ils ont constaté que ces deux bulles avaient été écrites par un faussaire au verso d'une charte de l'année 995, charte par laquelle le pape Jean XVI donnait à l'abbé Guillaume de Saint-Bénigne l'administration de l'abbaye de Bèze.

La conclusion tirée par M. Delisle était que les faux avaient été commis dans le courant du XIe siècle.

Nous pensons qu'on peut aller plus loin et fixer, d'une façon plus précise, non seulement la date du faux mais encore les événements à propos desquels il a été commis. L'on verra que cette constatation ne manque point d'intérêt et touche directement à notre sujet.

La date du faux peut être établie à une année près, croyons-nous, par les considérations suivantes:

Ce faux n'a certainement pas été perpétré à l'époque de l'abbé Guillaume: cet abbé avait besoin de la

(1) L. Delisle, Les Bulles sur papyrus de l'abbaye de Saint-Bénigne conservées à Ashburham-palace et à Dijon, *Mélanges de paléographie et de bibliographie*, pp. 37-52.

charte de 995 pour justifier ses pouvoirs sur l'abbaye de Bèze. Il est donc certainement postérieur à 1028, date de la mort de l'abbé Guillaume. Il est également postérieur à l'année 1032, moment où l'abbaye de Saint-Bénigne abandonna le gouvernement de Bèze (1). Cet abandon n'eut pas lieu sans luttes : la chronique de Bèze accuse même les religieux de Saint-Bénigne d'avoir emporté le mobilier et d'avoir pillé la bibliothèque de l'abbaye en la quittant. Il n'est pas vraisemblable qu'avant l'abandon de Bèze, l'on ait sacrifié, pour fabriquer des faux, la première charte qui justifiait l'administration de cette abbaye par Saint-Bénigne.

Pour ces raisons qui nous semblent solides, nous pensons donc que les fausses bulles ont été confectionnées postérieurement à l'année 1032.

D'un autre côté le faux est certainement antérieur à la rédaction de la chronique de Saint-Bénigne qui cite les chartes de Jean et de Sergius. Cette chronique rédigée au temps de Joannellinus, abbé de Saint-Bénigne (2), s'arrête en 1052, date de la mort d'Halinard. Nous avons jusqu'ici comme dates extrêmes 1032 et 1052.

Allons plus loin.

L'on trouvait dans un vieux cartulaire de Saint-Bénigne (3) une lettre sans date adressée par un nommé « H. humilis abbas potestatis sancti Benigni » au pape

(1) C'est également l'opinion de Léopold Delisle, *loc. cit.*, p. 52.

(2) *Ch. de Saint-Bénigne*, édit. Garnier et Bougaud, p. 158.

(3) Cité par Fyot, preuves, p. 391. Pérard, P., p. 187. Il y a une deuxième lettre citée par Pérard, p. 187-188, qui confirme qu'il s'agit de l'installation du cimetière dans la ville.

Jean. Dans ce document qui nous est conservé par Fyot et Pérard, il est dit :

Vicinos nostros canonicos (S. Stephani) monasticum honorem inhiantes (convoitant) surripere auctoritatis vestræ Celsitudinem, Pater, velle quatinus accepta a vobis licentia cimeterium nostrum ad se transferant in castellum... Scitis autem quod ii, qui antiquam Patrum constitutionem mutare volunt, non quæ Dei sed quæ sua sunt, quærunt.

Ce document émane d'un abbé H. Cet abbé ne peut être que l'abbé Halinard (1) qui succéda à Guillaume en 1028 et qui, devenu plus tard archevêque de Lyon, en 1046, gouverna Saint-Bénigne jusqu'à sa mort survenue l'année 1052. Pendant cette période nous rencontrons un pape Jean, le pape Jean XIX dont l'avènement remonte à 1024, et qui occupa le Saint-Siège jusqu'en 1033 (2).

Par conséquent la lettre en question doit être placée entre les années 1028, date de l'entrée en fonctions d'Halinard, et l'an 1033, époque de la mort de Jean XIX.

En comparant cette lettre d'Halinard à celle de Sergius nous trouvons des ressemblances frappantes.

Charte d'Halinard	*Charte de Sergius*
« Vicinos nostros canonicos... cymeterium nostrum ad se transferant in castellum. »	« Clericos jam dicti Castri ad se nostrum cymiterium transferre conari. »

(1) C'est également l'opinion de l'abbé Chomton, *Hist. de l'église Saint-Bénigne de Dijon*, Dijon, 1900, p. 131.

(2) Nous écartons l'antipape Jean XX (1015 à 1016) pour plusieurs raisons ; il n'a régné qu'un temps très court et n'a pas été reconnu.

De plus dans la lettre d'Halinard on fait allusion à d'anciennes concessions de Saint-Bénigne.

Cum veram antiquitatem noverit, destituere non dubitet.

Scitis... quod ii qui antiquam Patrum constitutionem mutare volunt, non quæ Dei, sed quæ sua sunt, quærunt.

Cette « antiquitatem », cette « antiquam Patrum constitutionem » ne peuvent se rapporter, dans l'esprit d'Halinard, à une bulle récente (1). Il est très vraisemblable que l'abbé désignait, de la sorte, la pseudo-lettre de Sergius, qu'il avait peut-être sous les yeux en écrivant : c'est du moins une hypothèse qu'autorisent les similitudes des phrases relevées plus haut.

La conclusion que nous tirons de tout ceci : c'est que les faux de Saint-Bénigne ont été fabriqués certainement entre 1032 et 1052 et très probablement entre 1032, date de l'abandon de Bèze et l'an 1033, date de la lettre sus-dite, probablement peu de temps avant la mort de Jean XIX.

Ces indications sont utiles et pour l'étude de la genèse des faux et pour l'histoire des marchés. Elles nous font comprendre d'abord comment la chronique de Saint-Bénigne est arrivée à prétendre qu'il n'y avait qu'un cimetière à Dijon. — C'est une conjecture que je présente, mais je la crois très plausible.

L'abbé Guillaume avait fait entreprendre de grands travaux de réédification à Saint-Bénigne. Ces travaux amenèrent l'exhumation d'une grande quantité de tombes anciennes qui prouvaient aux moines que le

(1) Par exemple celle de l'an 1012 du pape Benoît VIII. Arch. dép. H, Chartier de Saint-Bénigne, Privilèges des papes.

lieu était depuis longtemps un cimetière. De là à prétendre que c'était le seul cimetière de la ville il n'y avait qu'un pas. On s'appuyait sur les anciens canons de l'église qui, n'admettant qu'un autel dans une ville, devaient aussi n'admettre qu'un cimetière. Saint-Bénigne était donc l'unique cimetière de Dijon; s'il y en avait d'autres, ce ne pouvait être que par usurpation. On ne remarquait pas que Saint-Bénigne n'était pas dans l'enceinte de la ville et que, si l'on avait creusé autour de Saint-Michel, on aurait trouvé des sépultures aussi anciennes que celles de Saint-Bénigne; qu'enfin les canons n'étaient pas toujours observés. Ce fut vraisemblablement sous l'influence de ces idées et pour venger le droit, soi-disant méconnu, de son abbaye, qu'un moine moins scrupuleux que les autres fabriqua les faux dont nous parlons.

Pour ce moine, quel pouvait avoir été le fondateur de l'ancien cimetière de la ville? A s'en tenir à la tradition chrétienne locale, ce ne pouvait être que saint Grégoire de Langres qui, d'après Grégoire de Tours, avait le premier élevé un édifice en l'honneur de saint Bénigne. Cet établissement d'un cimetière devait avoir été ratifié par les papes. Les noms de ces papes étaient tout indiqués : en 1032 venaient de se succéder sur la chaire de saint Pierre les papes Sergius IV (1009-1014) et Jean XIX (1024-1033); or précisément, à la fin du VIe siècle, pendant la vie de saint Grégoire de Langres, on trouvait également un pape Sergius et un pape Jean: Jean V (685-686) et Sergius Ier (687-701). La tentation était grande d'invoquer, de préférence, leurs noms et de faire ressortir la miraculeuse coïncidence (1).

(1) Cette idée est indiquée par M. Léopold Delisle, *oper. citat.*

Le soin tout particulier avec lequel la chronique, qui reproduit les faux, dès son début nous affirme que Saint-Bénigne était le lieu de la « sepultura sanctorum (1) » et Saint-Jean le baptistère; que saint Grégoire de Langres, en y transférant le corps du martyr, décida que ce cymetière ne souffrirait point de concurrence, « constituit que ut hoc solum esset generale cimiterium », se comprend dès lors. L'indication que, déjà au moment de Sergius Ier, les moines du castrum cherchaient à empiéter sur les droits de Saint-Bénigne, continue la transposition au VIIe siècle de la situation du XIe.

Nous croyons pouvoir suivre de la sorte la genèse du faux. Les travaux entrepris à Saint-Bénigne par l'abbé Guillaume ont convaincu les moines de l'ancienneté de leurs droits (2). Les titres constatant la concession ont, dans leur idée, probablement péri lors des pillages des Normands, quand l'abbaye fut incendiée, et que l'on transporta le corps du saint dans le castrum. — Or justement l'on avait besoin de ces titres pour lutter contre les prétentions de Saint-Etienne. Si on les rétablissait ? Combien de faux du haut moyen âge ne pourraient alléguer autant de circonstances atténuantes (3)!

(1) Quia igitur de sepultura sanctorum pauca prelibavimus, dicendum nobis est, *propter aliquorum presumptuosam calumniam* quomodo antiquitus cimiterium habitatorum huius oppidi constiterit. *Chr. de Saint-Bénigne*, éd. Garnier et Bougaud, p. 11.

(2) Quod testatur multitudo vasorum per illam planiciem longe lateque creberrime positorum. *Chr. de Saint-Bénigne*, éd. Garnier et Bougaud, p. 11.

(3) Il va sans dire que l'on n'entend nullement approuver le procédé. Mais le cas psychologique intéressant de déformation morale,

L'on ne peut donc pas nous opposer l'indication de la chronique de Saint-Bénigne pour prétendre qu'il n'y avait qu'un cimetière, celui de Saint-Bénigne, et que, par conséquent, l'abbaye de Saint-Etienne ne pouvait avoir un marché spécial sur un cimetière à elle propre.

Il y a plus. La querelle entre Saint-Etienne et Saint-Bénigne sur le cimetière semble avoir traîné assez longtemps. Une bulle de 1078, qui confirme l'immunité de Saint-Bénigne (1), indique comme limite le torrent du Suzon « qui castri Sanctique causam dividit ». Sur le verso de la bulle un scribe indique qu'elle interdit de troubler le monastère dans la possession de son cimetière. En réalité cette bulle de 1078 ne se prononce pas et ne fait pas allusion aux fameuses bulles fausses des papes Jean et Sergius. Nous ne les voyons indiquées que par des bulles de 1129 et de 1184 qui décident de maintenir l'abbaye de Saint-Bénigne dans les droits concédés « à predecessoribus nostris Sergii, Johanni et Alexandro de cimiterio vel de aliis » (2). Or, si nous ob-

soulevé par le faux, n'est vraiment posé que quand le faussaire s'imagine être dans son bon droit et venir au secours d'une cause juste. Tel me paraît avoir été le cas de celui de Saint-Bénigne. On sait que ces faux sont fort fréquents aux xe et xie siècles. Les nombreux scribes italiens ramenés d'Italie par l'abbé Guillaume ont peut-être vu dans la confection de nos documents une occasion d'exercer leurs talents. N'oublions pas d'ailleurs, que l'on est à une époque de moralité grossière : la fin semble justifier les moyens — et que le procès est encore au xie siècle un combat où la ruse est admise. — Je ne suis pas d'ailleurs bien convaincu par le plaidoyer de l'abbé Chomton, *Hist. de Saint-Bénigne*, p. 131, 132, en faveur d'Halinard.

(1) Pérard, p. 103, et Arch. dép. de la Côte-d'Or, H., carton de Saint-Bénigne, privilèges des papes.

(2) Arch. dép. de la Côte-d'Or, H., fonds de Saint-Bénigne, pri-

servons toutes ces dates, nous ne pouvons qu'être frappés de ce fait, qu'en même temps qu'ils fabriquent des faux et réclament des bulles nouvelles, les religieux de Saint-Bénigne sont en contestation avec les chanoines de Saint-Etienne au sujet des marchés, et que même, vers la fin du XIe siècle (1), ils faillirent triompher et faire établir le marché sur leur territoire. Le parallélisme de la contestation sur le cimetière et de la contestation sur le marché n'est nullement fortuit. Nous croyons l'avoir suffisamment démontré plus haut (2). En luttant pour le cimetière les abbayes luttaient également pour le marché.

La conclusion de notre examen est que l'on ne peut faire aucun fonds de l'affirmation de la Chronique de Saint-Bénigne qu'il n'y avait qu'un cimetière à Dijon, celui de Saint-Bénigne.

Nous croyons au contraire, et des découvertes archéologiques, déjà anciennes, confirment péremptoirement notre opinion, qu'il y avait au IXe siècle et même bien auparavant (3) un cimetière autour de

vilèges des papes. Ces bulles mériteraient aussi un examen sérieux au point de vue de l'authenticité. Il est probable que jusqu'à cette époque ou les moines n'avaient pas osé se servir de leurs faux diplômes ou ils n'avaient pas vu accueillir ceux-ci à Rome.

(1) Cette contestation nous est prouvée par une charte que l'on peut dater entre 1085-1110. M. Petit de Vausse la place vers 1103. Arch. dép. de la Côte-d'Or, fonds de Saint-Bénigne, carton 20, copie du XVIIe siècle; Pérard, *Rec. de pièces*, p. 208, 209; Petit de Vausse, *Hist. des ducs de Bourg.*, t. I, p. 275 et preuves, n° 119.

(2) Dans le même sens, Collette, *oper. cit.*, p. 22, 23.

(3) Les fouilles faites sous la maison, située place Saint-Michel, n° 6, montrèrent de nombreuses sépultures. Il y avait cinq couches d'inhumations. — Tous les corps étaient orientés, les plus enfoncés à trois mètres sous le sol. Aucun objet mobilier n'était dans les cer-

Saint-Michel, aussi bien qu'autour de Saint-Bénigne. Tout nous porte à croire que déjà, sur ces cimetières, se tenaient les marchés.

Il faut maintenant en donner la raison, et expliquer le motif de cette prédilection macabre des commerçants du moyen âge.

IV

La franchise des anciens cimetières dijonnais et son rôle

Il faut remarquer, tout de suite, que la tenue des marchés sur le cimetière n'excitait pas dans les anciens temps les mêmes sentiments qu'aujourd'hui. Le moyen âge envisageait la mort d'une façon paisible. La méditation lui en était familière. Il ne craignait pas par ses monuments, par ses sculptures, par ses gothiques inscriptions de rappeler sans cesse aux yeux que l'homme est périssable. Dans la pensée de la fin inévitable et de la préparation qu'elle impose, l'église trouvait un thème inépuisable de prédications (1). Nul ne s'en effrayait outre mesure : à cette époque fervente, pour tous, la mort n'était qu'un sommeil. Contre le voisinage des tombes rien donc ne luttait, ni la religion — au contraire, — ni la science avec des préceptes d'hygiène alors fort négligée, ni les philosophies

cueils. M. Lory fait remonter ces sépultures au VIIe siècle. *Mém. de la commis. des antiq. de la Côte-d'Or*, XII, p. 28 et *supra*, p. 39.

(1) L'effet produit était encore plus grand quand la chaire était dressée dans le champ funèbre lui-même, et que le prédicateur parlait en face des tombes : comme il le fit, en 1444, sur le cimetière Saint-Médard. Arch. dép. de la Côte-d'Or, G., 134, f° 181.

de la vie brève sans lendemain. Dès lors, quoi d'étonnant à ce qu'on ait vécu tout simplement sur les domaines des trépassés, associant en quelque sorte les défunts aux prières, aux joies et au commerce du présent (1).

Ces considérations de sentiment ont leur valeur; nous ne les pensons pas décisives : il y a toujours eu, en dépit de la bonhomie de la foi, des personnes qui se sont scandalisées de voir les vendeurs dans les lieux saints, et qui auraient volontiers repris, pour les en chasser, les fouets de Jésus (2). Si l'on s'est installé sur les cimetières, ce n'est pas pour l'appétit de l'endroit : c'est parce qu'on y avait un double intérêt, intérêt économique, intérêt juridique surtout.

C'est au temple que va la foule et, par conséquent, le client. C'est là qu'on doit s'installer si l'on veut la trouver à des époques où toutes les solennités étaient des solennités religieuses. Les marchés auront donc lieu le dimanche et les foires les jours de fête : le jour de la Toussaint, de la fête de saint Bénigne à Dijon, où le culte gaulois des morts avait laissé des traces profondes. Plus tard on les rencontre aux fêtes de

(1) Sans qu'il soit dans notre intention de relever ici tout l'intérêt que de telles constatations peuvent avoir pour la connaissance exacte de l'âme et du tempérament d'un pays, ne peut-on pas dire que certaines tendances à l'indifférence pratique, telle façon critique de considérer les choses et de se demander à quoi bon l'action, ont été développées, peut-être à l'extrême, par cette contemplation si prolongée du cimetière — ainsi d'ailleurs qu'un sens rassis et calme ? — Et même une certaine légèreté, une certaine frivolité n'ont-elles pas été jadis des préservatifs utiles contre des ambiances trop fortes et trop déprimantes ?

(2) Voir *infra* les faux capitulaires et les conciles condamnant les marchés sur le cimetière.

Notre-Dame, de saint Pierre, de saint Paul, de la sainte Ostie, etc. (1).

Les efforts tentés, pendant la période Carolingienne, pour empêcher les marchés du dimanche, furent sans doute impuissants, là comme ailleurs (2), avant le moyen âge où les marchés furent fixés le mercredi et le samedi (3). Cependant notons que l'amour du client à lui seul n'aurait pas obligé le marchand à s'installer sur le cimetière : il aurait pu se tenir à la limite, comme il le fait encore de nos jours, dans les villages, au moment des pèlerinages. S'il a franchi la frontière des lieux saints, c'est qu'un puissant motif juridique venait doubler son désir d'avancer plus près de l'église et de sa foule, il est allé au cimetière si volontiers parce que le cimetière était un lieu d'asile, un lieu de franchise.

Ceci est certain au moyen âge à Dijon (4), nous l'avons déjà en partie démontré et donné des preuves solides de la franchise qui était attachée au cimetière de Saint-Etienne et à ceux de Saint-Médard, de la Sainte-Chapelle et de Notre-Dame au début du XVIe siècle (5).

(1) Sur ce point voir *supra*, p. 17 et Collette, *oper. cit.*, p. 24, 25, 55.

(2) Huvelin, *oper. cit.*, p. 156, 157.

(3) Charte de Dijon de 1187, § 41.

(4) A Beaune nous trouvons deux exemples frappants de la franchise du cimetière de Saint-Martin. L'un nous montre un meurtrier réfugié dans le cimetière, et dont le maire de Beaune ne veut pas favoriser la livraison (a^o^ 1436), Garnier, *Chartes de Communes*, I, p. 262, note 1 ; et l'autre nous apprend que les habitants de la commune menacèrent de mettre à mort, un jour d'élection, deux conseillers du duc Eudes IV, qui avaient pénétré dans le cimetière, en se dissimulant, Garnier, *Chartes de Communes*, I, p. 229.

(5) V. *supra*, p. 24-34.

La franchise du cimetière de Saint-Jean n'est pas plus difficile à prouver. Elle nous est indiquée par les registres de justice de la ville de Dijon (1).

Il s'agit d'une tournée faite le 1er juillet 1389 par Jehan Juliot le jeune, Mathé Chauchart, Gruenot Ardi et d'autres échevins de la ville de Dijon sur le champ de foire après le jour de la Saint-Jean. Cette tournée est amenée par la réclamation de marchands forains qui étaient venus vendre du drap et qui se plaignaient de quelques habitants de Dijon qui leur avaient loué « certaines places, tréteaux, couvertures et aussi les places communes ». Ils demandent, et la municipalité est de leur avis, que l'on rabatte du prix global de location celui des places communes, puisqu'elles appartiennent à la ville et non aux locateurs. De la sorte ils n'auront plus à payer que les « tables, trétaux et couvertures » qu'on leur a fournis. Les échevins se transportent « au lieu ou ladite foire s'estoit tenue, c'est assavoir en la rue Saint-Jehan », et arrivent à la maison de Vasselin de la Picine à la femme duquel ils déclarent que « si elle avoit loué à aucuns des diz marchans aucunes places communes devant son hôtel ou ailleurs, qu'elle ne s'en payast aucunement mais qu'elle se payast des tables, trétaux et couvertures quelle leur avoit baillé seulement ». Sinon, à son refus, ils rabattront du loyer réclamé par elle le prix des places qui « appartiennent à la ville et non à autres ».

Le mari, sur ces entrefaites, intervient et se met à

(1) Ces registres ont été transportés aux archives départementales, on ne voit pas trop pourquoi ? Arch. dép. de la Côte-d'Or, B., 2336, n° 9, f° 213, r° et v°.

injurier les échevins. Jehan Juliot, après avoir essayé vainement de le calmer, finit par se vexer et lui déclare « que il faisait mal de ces choses dire, et que se il FUT HORS DE LIEU SAINT IL LE MENAST EN PRISON (1) ».

Ainsi au XIVe siècle la rue Saint-Jean (place Saint-Jean et rue Bossuet) qui est longue, jouit du même bénéfice que la rue et les places Saint-Etienne : c'est un lieu de franchise. Sont également lieux de franchises les places qui se trouvent près de Saint-Bénigne. Dans la transaction qui intervint, après une longue série de procès, entre Saint-Bénigne et la mairie, en 1429, l'on déclare encore que l'abbaye aura la juridiction sur les maisons et les places situées dans un pourpris assez étendu.

Le cimetière de la Sainte-Chapelle (2) jouissait de même du droit de franchise. Nous voyons qu'en 1367 un certain Perrin Seguin d'Arcoussey, autrement dit Grimmeart, qui avait été traîné hors de la franchise de la Sainte-Chapelle par un nommé Benoît, valet de messire Hugues de Pontailler, est rétabli dans son droit. Ce rétablissement a lieu sur le cimetière.

« Et iceli restaublissement et rendue a fait lidis chevaliers en la propre place dont lidis Beneois lavoit trait hors : c'est assavoir sur les tombes de pierre qui sont au front, devant la grant porte de ladite chapelle (3)... »

(1) Arch. mun., C., 17. Ce document n'est pas décisif pour la justice sur le cimetière, car en cédant à Saint-Bénigne la foire de la Saint-Jean le duc avait eu soin de se réserver la justice.

(2) Sur l'immunité de la Sainte-Chapelle, qui obtient en 1172 « eandam libertatem quam ecclesiæ principales ». Pérard, p. 215 et Fyot, preuves, n° 216.

(3) Protocole du notaire A. Et. de Feunay, n° 19. Cité par

Il y avait aussi des franchises attachées aux chartreux et même à certaines maisons particulières (1).

Cette existence de la franchise et du droit d'asile sur le cimetière s'explique facilement.

On rencontre chez tous les peuples (2) l'idée que devant certains lieux consacrés à la divinité la justice humaine doit s'arrêter. Là règnent les puissances surnaturelles et non l'homme. A elles incombe le soin de fixer le droit qui s'applique à leur territoire ou, tout au moins, de déterminer les cas d'application des pouvoirs humains et d'en adoucir la rigueur. Cet asile, d'origine païenne, restreint dans les premiers temps du christianisme, à la pierre de l'autel, s'étendit peu à peu. Les constitutions impériales, qui le reconnurent au début du ve siècle, nous apprennent qu'il comprenait non seulement les murs de l'église mais encore le vestibule, le large *atrium* situé à l'extérieur et qui ren-

J. Simonnet, *Documents inédits pour servir à l'histoire des institutions et de la vie privée en Bourgogne*, Dijon, Rabutôt, 1867, pp. 260 et 261.

(1) Ainsi l'hôtel de Vergy à Dijon.

(2) On trouve l'asile chez les nègres de l'Afrique ; chez les Cafres le tombeau est un asile. Post, *Afrikanische Jurisprudenz*, II, p. 37-39. Sur l'asile chez les Hébreux, les Grecs, les Romains, les anciens Germains etc. : Beaurepaire, *Essai sur l'asile religieux. Bibl. de l'Ecole des Chartes*, 3e sér. (ao 1853), t. IV, p. 351 et s., p. 573 et ss., t. IV (a° 1854), p. 151 et ss., 341 et ss. Fuld, *Das asylrecht im Alterthum und Mittelalter. Zeitschr. fur vergleich. Rechtswiss.*, t. VII (1887), p. 102 et ss., 285 et ss. Viollet, *Hist. des inst. pol.*, I, p. 402-405 ; II, p. 304, 305. Flach, *Les origines de l'ancienne France*, II, p. 171 et ss. Brunner, *Deutsche Rechtsgeschichte*, II, p. 610. Nous n'avons pu nous procurer la thèse de Wallon, *Du droit d'asile*, 1837.

fermait des maisons, de petits jardins, des bains (1). Les capitulaires des rois francs (2) et les décisions des conciles suivirent la voie tracée par Rome. Les conciles d'Orléans en 511, 538, 541, 549, d'Epone en 517, de Mâcon en 585, rappellent incessamment le respect dû à l'asile (3).

Les lois barbares en faisaient autant (4). Celles des Burgondes professent un respect tout particulier pour les lieux saints. Le *liber constitutionum* (480-501), dans son chapitre 70 § 2, nous dit que l'individu sous le coup d'une condamnation capitale, en se réfugiant dans une église, échappera au châtiment matériel; il n'aura qu'à payer le prix du wergeld (5) et une amende de XII solides. La *lex romana* admettait également le droit d'asile et s'en réferait, sur ce point, expressément au code théodosien (6).

(1) Cod. Théod., IX, 45, c. 4. C. Just. (I, 12), 3.

(2) Decretio Chlotharii II, regis, C. 11, 15.

(3) Concil. Aurel. de 511, c. 1, 2, 3; de 538, c. 11; de 541, c. 24, 21, 30; de 549, c. 22; concil. Epaon de 517, c. 39; concil. Matisc. de 585, c. 8. Adde, un concilium de 614, daté d'un lieu inconnu, c. 9; de Clichy de 626 ou 627 c. 9; un autre de lieu inconnu, mais présidé par l'évêque de Reims Sonnatus en 627-630, c. 7. Ces conciles se trouvent dans les *Monumenta German. Hist. Legum*, section III, *concil.*, tomus I, ed. Zeumer, 1893.

(4) *Lex Wisigoth.*, III, 3, 2; V, 4, 17; VI, 5, 16; IX, 3, 4. *Lex romana Wisig.*, C. Th., IX, 34, *Edictum Theodorici*, c. 70. *Cassiodor*, Var. III, 47, indiqué par Brunner, *Deutsche Rechtsg.*, II, p. 600, note 9.

(5) De his vero causis unde hominem mori jussimus, si in ecclesiam fugerit, redimat se secundum formam pretii constituti ab eo, cui furtum fecit, et inferat multæ nomine solides XII. Voir aussi dans le *liber constit.*, *Extrav.*, XXI, § 13 la défense de mépriser les prêtres et les églises. *Monument. German. Leges*, sect. I, t. II, pars 1, p. 95, edit. de Salis.

(6) *Lex romana*, titre II, § 1, 3, 4, 5, 6; IV, § 2.

Après la chute du royaume Burgonde les mêmes sentiments subsistèrent. Il suffit de feuilleter Grégoire de Tours pour voir l'importance énorme qu'avait pris le droit d'asile dans toute l'étendue des Gaules (1).

Malgré la réaction éphémère tentée par Charlemagne (2), l'asile prit une signification de plus en plus grande sous ses successeurs. Tandis qu'auparavant son but presque unique était de protéger les faibles et de substituer une pénalité plus douce, expiation canonique, simple amende, aux peines civiles anciennes de la mutilation ou de la mort (3), et qu'il était présenté comme une sorte d'expédient destiné à permettre à la peine du *wergeld* de remplacer l'expiation en nature ; maintenant, sous les successeurs de Charlemagne, il tend à fournir une sécurité complète, à opposer à la justice séculière un mur infranchissable, à devenir en un mot une immunité. Le même mot *immunitas* désigne et le privilège d'une personne d'écarter la juridiction de droit commun et le circuit de terrain sacré qui se trouve autour de l'église (4), circuit dans lequel s'entassent les sépultures. Dans la conscience juridique d'alors, les idées d'immunité légale et d'asile religieux se pénètrent et se mélangent (5). Ce n'est pas par une circonstance

(1) De Beaurepaire, *Bibl. de l'Ecole des Chartes*, XIV, 1853, p. 581 et s.

(2) Viollet, *Inst. polit.*, I, p. 402. Charlemagne distingua entre le délinquant condamné et celui qui ne l'était pas : c'est le second seulement qui jouit du droit d'asile. Brunner, *Deutsch. Rechtsg.*, II, p. 612, note 17.

(3) Sur la première attitude de l'Eglise vis-à-vis de la peine de mort, Brunner, *Deutsche Rechtsg.*, II, p. 608.

(4) Viollet, *loc. cit.*, p. 400.

(5) L'asile devient même le type de l'immunité. La vie du prévôt de Saint-Etienne Garnier (XIe siècle) nous le prouve. Garnier

fortuite que nous remarquons que le moment où Dijon devient une immunité, où les immunités ecclésiastiques deviennent de plus en plus fréquentes sous les faibles successeurs de Charlemagne, le IXe siècle, est précisément celui où le cimetière est le plus étendu.

Il est énorme alors, il est presque démesuré ce cimetière, tandis qu'aux époques précédentes il semble avoir été plus restreint. Sous les noms de cimetière de Saint-Bénigne et, peut-être, de cimetière de Saint-Etienne ou de Saint-Michel il entoure la plus grande partie de la ville de Dijon de son anneau protecteur. Sur ce sol religieux, protégé spirituellement par un gros bruit de miracles qui intimide, et matériellement par des privilèges légaux, les marchands accourent naturellement. Ils trouvent à la fois la clientèle qui vient visiter les reliques et la sécurité.

Aux marchands, surtout aux époques troublées (1), se joignent les paysans des environs, tous ceux qui viennent chercher un refuge dans les églises et dans leur enceinte (2). En 1388, les protocoles de Notaires montrent

a acquis pour le monastère des dons qui avaient le grand mérite d'être libres, d'être francs. « Non solum plura donorum ipsius ab omni exactione et consuetudine atque tertiarum et decimarum redditione omnino *libera* erant... sed etiam dona quæ ab aliis excipiebat, *liberrima* esse faciebat. Inde est mansus de Briscone... *ejusmodi libertatis ut quicumque in eo quolibet modo culpatus refugeret, sicut in ecclesiæ asilo tutus maneret.* Fyot, *Hist. de l'église Saint-Etienne*, preuves, p. 65.

(1) L'usage de transformer les églises en dépôt d'archives, en granges et en greniers est fort ancien (Guérard, *Cartulaire de l'église Notre-Dame de Paris*, 1850, t. I, préf., p. 23, 52 et s.). Il fut prohibé par le can. 19 du quatrième concile de Latran de 1215 « nisi propter hostiles incursus, aut incendia repentina, seu alias necessitates urgentes ». Adde synode de Bourges de 1286, can. 21.

(2) On préférait naturellement les églises établies dans une en-

que les habitants de Flavigny, craignant les Anglais, avaient déposé leur charte dans les coffres de l'église des Cordeliers (1). En 1501, une dispute éclate entre la mairie et l'abbé de Saint-Etienne au sujet d'un autre dépôt fait à l'église Saint-Pierre (2). Le cimetière au moment des invasions est encombré de fuyards et de bestiaux encore plus que de marchands. En 1617, une délibération de la chambre de la villle interdit au père gardien des Cordeliers de clore un préau situé devant l'église parce que c'était là qu'en temps de guerre surtout, l'on avait coutume de retirer le bétail des environs (3). Et non seulement l'on se mit à établir des abris passagers sur les cimetières, mais même l'on y construisit des maisons permanentes (4). Il se passa

ceinte fortifiée. Au xe siècle, on fut même obligé de transporter le corps de saint Bénigne dans le Castrum, et cela plusieurs fois. *Chronique de Saint-Bénigne*, édit. Bougaud, p. 123. — Dans les campagnes on fortifiait les églises. Il y en eut un certain nombre en Bourgogne : à Is-sur-Tille, Avilli-en-Brionnais, Saint-Bonnet-de-Joux, Saint-Désert. Demaizière, *Notice historique sur Saint-Désert et ses hameaux*, Mâcon, 1896, p. 51. Sur l'église de Gilly, Garnier, *Histoire du château et du village de Gilly*, *Mémoires de la commission des antiquités de la Côte-d'Or*, I, p. 213, et Chalmandrier, *Histoire du village de Gilly-les-Vougeot*. Les conciles d'Avignon en 1209, can. 9 ; de Mayence en 1310, can. 109, ordonnent de détruire ces fortifications quand ce sera possible.

(1) Protocole d'Aleaume de Cleuleu, n° 66 bis, cité par Simonnet, *Les Institutions et la vie privée en Bourgogne*, Dijon, 1867, p. 111 et 112. Sur un dépôt de cent et cinquante livres de Tournois doubles, fait à l'abbaye de Saint-Etienne, par Hugues de Châtel, voir charte du 21 juin 1310. *Cartulaire de Saint-Etienne* (édit. Parisot, n° 15).

(2) Arch. mun., D, 44.

(3) Arch. mun., D, 49.

(4) Le canon 4 du décret de Gratien, C. XII, quest. I : « Nulla ædificia in atrio ecclesiæ ponantur, nisi tantum clericorum » n'était donc nullement observé à Dijon.

à Dijon la même chose qu'à Talmay, où les moines de Bèze, nous apprend la Chronique de cette abbaye, importunés par les requêtes unanimes des paroissiens, leur accordèrent la permission de construire dans l'atrium de l'église Saint-Valier, pour échapper aux incursions des ennemis (1). De là toutes ces demeures installées sur le cimetière au moyen âge, et même encore, nous l'avons vu, en plein XVIIIe siècle (2).

Les cimetières n'influèrent donc pas seulement sur le droit du marché en procurant aux marchands une protection spéciale et sur la commune, nous le verrons, en fournissant un lieu sûr pour le rassemblement des bourgeois, mais aussi déterminèrent l'aspect physique de la ville : en ce sens que c'est leur emplacement qui détermina celui des marchés, et que de l'emplacement des marchés dépendit, pour une très grande part, la forme de la ville.

Dijon sous ce rapport nous offre un développement très remarquable et d'une régularité vraiment singulière. Dans les immenses cimetières qui entourent le castrum presque carré, et qui a une issue sur les quatre points cardinaux, nous voyons s'élever des chapelles sépulcrales qui deviennent plus tard autant de paroisses.

A l'est, nous trouvons dans l'enceinte de la ville, adossée au mur même du castrum, l'église de Saint-Etienne; à l'ouest, en dehors du castrum l'église de Saint-

(1) Timentes enim hostiles impetus, ad nos venere unanimes, poscentes ipsum atrium sibi dari in auxilium, ad construenda domicilia et condendi propria. *Chronique de Bèze*, édit. Garnier et Bougaud, p. 300.

(2) *Supra*, p. 9.

Bénigne ; ces deux églises forment en quelque sorte les deux pôles religieux et commerciaux de la ville (1). Près de Saint-Etienne deux chapelles sépulcrales, Saint-Michel (2), puis Saint-Médard (3), enrichies par les dons des fidèles, deviennent deux paroisses. Près de Saint-Bénigne les chapelles sépulcrales de Saint-Jean (4) et de Saint-Philibert (5) deviennent également deux paroisses. Il y a un baptistère près de Saint-Etienne, à Saint-Vincent ; il y a un baptistère à Saint-Jean. Au nord nous avons une chapelle sépulcrale, Notre-Dame (6) et au sud, une autre, nous semble-t-il, Saint-Pierre (7), qui deviennent également des paroisses. L'exacte symétrie et l'étonnant équilibre des paroisses autour du castrum n'est rompu que par l'église Saint-Nicolas (8), au nord-est, qui se tient en dehors de la nouvelle enceinte construite

(1) Voir le plan du castrum dijonnais à l'époque gallo-romaine dans Chomton, *Histoire de l'église Saint-Bénigne de Dijon*, pl. I, reproduit par P. Jobard, *L'Archéologie sur le terrain*, Dijon, 1903, p. 187. Après les invasions normandes et les ruines qui les accompagnèrent, Dijon devait présenter à nouveau l'aspect du castrum gallo-romain.

(2) Sur Saint-Michel, ancienne chapelle sépulcrale (Saint Michel étant le saint que l'on invoque particulièrement pour les morts dans les offices de l'Eglise), Chevenet dans Courtépée, *Descript. de la Bourgogne*, I, p. 432. L'église est antérieure au xe siècle. Une bulle de 1156 nomme l'église de Saint-Michel et son cimetière. Fyot, *Hist. de l'église Saint-Etienne*, preuves, n° 162.

(3) Saint-Médard date du xe siècle (vers 900).

(4) Saint-Jean était vraisemblablement une chapelle sépulcrale. Chevenet dans Courtépée, *loc. cit.*

(5) Saint-Philibert était une chapelle du cimetière. Chomton, *Hist. de Saint-Bénigne*, p. 54.

(6) Notre-Dame devient paroisse au xiie siècle, voir *infra*, note.

(7) Saint-Pierre est également du xiie siècle.

(8) Saint-Nicolas est une paroisse en 1178, Fyot, *Hist. de l'église Saint-Etienne*, preuves, n° 185.

après l'incendie de Dijon en 1137 (1) et semble vouloir recueillir plus près de sa source le double courant de fidèles et de clients qui se dirigeait vers Saint-Michel et vers Notre-Dame. Car toutes ces chapelles sont des lieux de marchés ; l'affluence des pèlerins et des marchands explique leur transformation en paroisses. Notre-Dame s'appelait même d'abord Notre-Dame-du-Marché, *Sancta Maria de foro* (2); et si les églises de Saint-Bénigne, de Saint-Philibert et Saint-Jean à l'ouest, et celles de Saint-Etienne, de Saint-Médard, de Saint-Michel à l'est, se touchent presque, c'est parce qu'elles s'élèvent sur les lieux principaux des marchés de Dijon, le marché au blé près de Saint-Etienne, le marché au vin et autres denrées près de Saint-Bénigne (3).

Ainsi dans une première période, qui va jusqu'à la fin du XIIe siècle, le cimetière et sa chapelle appellent le marché et le marché du cimetière engendre la paroisse. L'on vit même à Dijon, plus tard, une évolution inverse : le marché laïque municipal, le *forum vetus*, appela à lui une chapelle (4) et cette petite chapelle, qui se trouvait sur les confins du marché, devint, après la destruction de l'église extra-murale de Saint-Nicolas au XVIe siècle, l'église paroissiale.

La forme de la ville de Dijon dépend donc de la situation des cimetières et des marchés autour du castrum. Toutes ces paroisses nouvelles conservent des lambeaux des anciens grands cimetières dijonnais

(1) Fyot, *oper. cit.*, n° 37; Arch. dép., G., 125, f° 31.

(2) C'est ainsi que l'on nomme Notre-Dame dans les bulles de 1156 et 1172. Fyot, *oper. citat.*, preuves, n° 162 et 180.

(3) Dans le même sens, Collette, *oper. cit.*, p. 15.

(4) Cette chapelle fut bâtie en 1133.

qui se scindent en autant de cimetières paroissiaux (1), et qui, d'ailleurs, semblent, encore au XVe siècle, se toucher les uns les autres, comme ceux de Saint-Etienne, de Saint-Médard, de Saint-Michel et de Notre-Dame. Ils nous donnent vraiment l'impression d'avoir été taillés dans un même grand cimetière (Saint-Etienne?), comme les petits cimetières de Saint-Bénigne, de

(1) Cette diminution des cimetières paraît une tendance générale dès le XIe siècle. L'épître de Nicolas II aux évêques de Gaule, d'Aquitaine et de Gascogne (1059), Migne, t. 143, col. 1314-1315), rappelle que l'aître des églises est de 60 pas et celui des chapelles de 30 pas. C'était une grosse diminution des grands cimetières et peut-être cette tendance explique-t-elle aussi la multiple éclosion des paroisses très rapprochées au XIe siècle. — En Bourgogne nous voyons qu'en 1004, Gauthier, évêque d'Autun, veut que les limites du cimetière de Beaune soient fixées comme elles avaient été arrêtées par le roi Robert. Petit de Vausse, *Hist. des ducs de Bourg.*, I, pr. n° 1, p. 341, cfr. n° 2. Sur l'établissement d'un cimetière nouveau à Fouvent-le-Château, *Chronique de Bèze*, p. 309, 310. Si les paroisses ne se multiplièrent pas davantage, cela tient à la rivalité des églises dont le cimetière est une source de bénéfices, non seulement par ses marchés mais aussi par ses droits de sépulture. Dès la fin du XIIe siècle on prohibe soigneusement l'installation de nouveaux cimetières. La maison de Cîteaux n'aura ni autel ni cimetière (1117). Arch. dép., H., Cartulaire de Saint-Bénigne, f° 8, v°. Défense aux templiers d'enterrer dans leur cimetière aucun paroissien de Saint-Bénigne (1167), ibid., f° 9. Il n'y aura à l'hôpital au Riche ni oratoire ni cimetière (1189), ibid., f° 9. La chapelle d'Hugues III n'aura pas de cimetière (1173), Arch. dép., fonds de Saint-Etienne, G. 126, f° 22. Bulle de Grégoire IX défendant de bénir un cimetière dans le détroit de Saint-Etienne sans la permission de l'abbé et du diocésain (1237), ibid., G. 133, f° 19. Les carmes, qui ont une maison au faubourg Saint-Nicolas, n'auront ni autel ni cimetière (1362), ibid., G. 133, f° 283. L'abbé de Morimond ne pourra faire tort au cimetière de Saint-Bénigne (1262), Arch. dép., fonds de Saint-Bénigne, H., Cartulaire, f° 548. En 1500 la Sainte-Chapelle déclare n'avoir point acquis de droit de cimetière pour avoir brisé son pourpris, etc. etc.

Saint-Philibert et de Saint-Jean ne sont certainement que des fragments de l'ancien grand cimetière Saint-Bénigne.

En se rapetissant, en rentrant dans l'ancienne limite sacrée, les cimetières conserveront un peu plus longtemps leurs droits de franchise et les abbayes leur justice et leur marché.

Nous abordons avec la question de la relation qui existe entre la justice du marché et l'immunité ou franchise un problème assez délicat d'histoire du droit. L'immuniste a-t-il la justice du marché? Des auteurs affirment que oui et au premier abord il semble qu'ils doivent avoir raison puisque l'immunité confère le droit d'empêcher les agents séculiers de s'introduire sur le terrain de l'immunité — cependant on l'a contesté, il n'est donc pas indifférent de voir ce qui se passait à Dijon (1).

A Dijon nous avons affaire à une immunité établie par Louis le Débonnaire, confirmée par Charles le Chauve, puis par Charles le Gros en 889. Cette immunité donne droit aux marchés puisqu'en 863 l'évêque de Langres Isaac, par une donation ratifiée par les empereurs Charles le Chauve en 874 (2) et Charles le Gros en 887, cède à Saint-Etienne les droits qu'il avait sur les marchés et la moitié de ceux qu'il possédait

(1) Il est très difficile d'admettre avec M. Huvelin, *oper. cit.*, p. 166, 167, que, dans le cas de marché, l'immunité n'était compétente que pour les procès entre les hommes de l'immunité et non quand il y a litige entre un homme de l'immunité et un étranger ou entre deux étrangers. Il nous est très difficile de croire qu'il ait pu y avoir deux tribunaux sur un même marché.

(2) Pontailler, 12 septembre 874, Arch. dép. de la Côte-d'Or, Copié dans G., 229.

sur les foires. Des concessions analogues sont faites à Saint-Bénigne en 869, 912, 925 (1). Ces concessions comprennent certainement la justice puisqu'elle n'est pas réservée, et qu'on stipule que Saint-Etienne aura tous les profits (*summa integritas*); pour Saint-Bénigne, il n'y a pas de doute l'abbaye possède à la fois le « *mercatum* » et le « *districtum* (2) ».

Arrivent l'année 1015 et la cession de Dijon au roi de France Robert. Il semblerait que les églises, étrangères à cette cession, dussent conserver leurs droits sur les marchés, et, en effet, nous avons pour Saint-Etienne des indices qu'il en a été un moment ainsi (3).

(1) Sur ces points, voir Collette, *les Foires et les marchés de Dijon*, pp. 16, 17. Nous ne garantissons pas l'authenticité de tous ces diplômes, en particulier de celui de 912.

(2) C'est ce que soutenait le nécrologe de Saint-Bénigne qui prétendait que l'abbaye avait droit à la totalité de la foire de la Toussaint : Agrinus, l'évêque de Langres, lui ayant cédé sa moitié en 912 et l'autre moitié se trouvant comprise dans la cession du burgum et du districtum. « Quoniam alia medietas tam data fuerat sancto Benigno largitione Karolis Regis, quando eidem donaverat burgum pariter et districtum, *Chronique de Saint-Bénigne*, édit. Bougaud, p. 117.

(3) La question ne se pose pas pour ceux qui, comme M. Garnier, sur l'affirmation de la mairie, pensent que Saint-Etienne n'a jamais eu de justice dans son pourpris et à plus forte raison dans son cimetière. Mais aux affirmations de la mairie on peut opposer les affirmations contraires de l'abbaye qui prétendait avoir la justice haute, moyenne et basse, Arch. mun., D. 44, et les actes faits par Saint-Etienne pour faire reconnaître son droit : l'installation d'un carcan (Arch. mun., C. 24 (1505); l'arrestation de charretiers dans le pourpris du monastère (Arch. mun., C. 24, 1505) ; la proclamation que fait le sergent de l'abbaye de l'ouverture des jours devant la grande porte de l'abbaye (Arch. mun., C. 29, aº 1508). Auparavant il est vraisemblable que les jours se tenaient, comme à Saint-Bénigne, au pied de la croix, devant la porte de l'abbaye sur le cimetière. De nombreux témoins en 1480 déposent « avoir veu exercer

Encore au milieu du XIe siècle, Garnier, prévôt de Saint-Etienne(1), permet aux hommes de Saint-Etienne, les *sanctuarii*, de vendre librement le vin dans leurs maisons et les exempte du droit de vente sur le marché (2). Saint-Etienne disposait donc du droit de ventes.

L'abbaye avait, en outre, le droit d'étalage. Ceci nous semble prouvé par la perception du droit de perche qui se fait encore au XVe siècle et au sujet duquel il y eut un interminable procès entre cette église

la justice et même tenir les jours sous la grand porte de Saint-Etienne (Arch. mun., C. 21). Nous avons d'autre part de véritables aveux : la requête faite par la mairie de laisser passer les prisonniers sur le cimetière est un aveu d'immunité (supra, p. 21 et ss.); en 1389/90 (5 janvier) quand on demande à la mairie de laisser aux chartreux la juridiction complète en leur « *clouason cloistre et maison* », on déclare que « *les autres églises de Dijon* » ont cette immunité (Arch. mun , B. 133, f° 25 r°, 26, 27 r°). Auparavant la charte d'immunité de la Sainte-Chapelle portait qu'elle aurait « *eandem libertatem quam ecclesiae principales* », Pérard, p. 215, Fyot, p., n° 216. Bien plus la charte de 1172 déclare que les hommes de Saint-Etienne, qui nient leur forfait commis sur le marché, seront justiciés « *per manum prefati abbatis* » et non par le duc (Fyot, *Hist. de l'abbaye de Saint-Etienne*, pr. n° 181) et la vie de Garnier, prévôt de Saint-Etienne, nous dit que « in judicio curiae ejus numquam vel suscipio fuit dandae mercedis (Fyot, *oper. cit.*, preuves, n° 100). D'ailleurs on fait allusion à cette justice dans les registres de justice de la ville. Arch. dép. de la Côte-d'Or, B[2], 336, n° 7 (a° 1387) et dans les registres de Saint-Etienne, Arch. dép., G. 230, f° 207. L'opinion qui nie la justice de Saint-Etienne nous paraît donc insoutenable.

(1) La vita Garnerii que l'on trouve dans Fyot, *Hist. de l'église Saint-Etienne*, preuves, p. 68 et Pérard, p. 121-131, fut écrite vers 1158. Garnier fut prévôt de Saint-Etienne entre 1020 et 1050.

(2) Quicumque vero de clientela sancti libram panis integram vel dimidiam de curia sumebat, emere et vendere in foro absque reditur, qui, vulgo ventae dicitur, libere poterat et in domo sua vel aliena vinum proprium. Fyot, *Hist. de l'église Saint-Etienne*, preuves, p. 58, n° 100.

et la mairie. Le droit de perche est un droit perçu sur la longueur de la façade « de front » des maisons et des étaux. Ce droit est perçu par l'homme d'affaires de l'abbaye. Il part le toucher tenant en mains le livre de cens et suivi de deux acolytes l'un qui porte la hotte pour mettre les gages, l'autre qui tient la perche, c'est-à-dire la mesure de longueur, sur son épaule. On paie par perche de treize pieds, au XVe siècle, quatre deniers forts dijonnais valant cinq deniers tournois (1). Le fait que le même droit est levé sur les étaux et sur les maisons nous porte à croire que c'est un ancien droit de marché, un droit d'étalage devenu permanent quand l'étal passager du marché est devenu la maison permanente.

C'est également ce droit ancien de justice et de marché qui explique l'attitude de Saint-Etienne lorsque le duc voulut transporter la foire sur le territoire de Saint-Bénigne (2), et ses prétentions de justicier elle-même les contrevenants au sujet des banvins (3) et de procéder à l'égandillage des mesures qui, d'habitude, compétait au prévôt avec le droit de marché (4).

(1) Arch. mun., D. 44 (a° 1443). Sur le droit de perche, Arch. dép. de la Côte-d'Or, G. 230, f. 193 et ibid., G. 186, 187, 188.

(2) Fyot, *oper. citat.*, pp. 85, 86 et preuves, n° 81, Arch. dép., G. 125, f° 43.

A Beaune, nous voyons que lors de la foire de la Saint-Luc certains endroits sont exempts de payer le « sextier de vin » par taverne, entre autres toutes les rues qui environnent le pourpris du prieuré de Saint-Etienne. Garnier, Rec. I, p. 240. N'est-ce pas là le souvenir d'un ancien marché ecclésiastique ?

(3) Arch. dép. de la Côte-d'Or, G. 181, 185, 186, 187, 188.

(4) On peut expliquer aussi par le droit de Saint-Etienne sur son marché la concession de la monnaie qui lui fut faite en 1030. Arch. dép. de la Côte-d'Or, Fonds de Saint-Etienne, G. 125, f° 31.

Enfin tout le gros procès sur les marchés de Notre-Dame et cette prétention de l'abbé de Saint-Etienne d'avoir le monopole de la vente sur le cimetière, droit qui lui fut d'ailleurs en partie reconnu par les arbitres, nous semble un reste fort remarquable de l'ancien droit de justice exercé sur le cimetière et son marché.

Cette justice du marché exercée sur le cimetière, cette « *justitia de cimiterio* », comme le dit le cartulaire du prieuré de Saint-Marcel de Chalon (1), ne devait pas durer longtemps. Dès la fin du XIe siècle elle est reprise, en grande partie, par le duc qui, pour la monopoliser, use de son droit de transporter les marchés où bon lui semble, comme nous le verrons bientôt.

Telle fut l'influence de la condition juridique du cimetière sur le développement de la ville de Dijon. Les cimetières et leur droit d'asile nous paraissent avoir amorcé l'immunité, attiré les marchands, engagé les gens des environs à la construction de retraites permanentes et de maisons qui amenèrent le peuplement du pourtour du castrum, la création des paroisses et par un lointain contre-coup celle de la commune. Car il ne faut pas oublier que si, à Dijon comme

(1) *Cartulaire du prieuré de Saint-Marcel-lès-Chalon*, publié d'après les manuscrits de Marcel Canat de Chizy, Chalon-sur-Saône, 1894, n° LXXII (a° 1092). Adalberge d'Escoens déclare que « excommunicatione sedis apostolice coacta » elle rend, d'accord avec ses fils, l'abbaye, l'église de Ruffey d'Escoens « cum cunctis ad eandem ecclesiam pertinentibus curtem etiam... et omnem censum ejus atque *justitiam de cimiterio* et de curte.

L'abbaye reçoit la justice « quatinus, et de nobis ipsis et de omnibus hominibus sancti Marcelli fratres inibi si injuste quid egerimus justitiam accipiant. Tantummodo de nostrorum hominum tortura clamore nobis perlata si nos facere voluerimus, ipsimet justitiam ex integro accipiant ».

dans de très nombreuses villes et villages de la province de Bourgogne, les communiers se réunissent sur le cimetière (1), c'est pour profiter de son droit de franchise et non point par une circonstance fortuite. Sans doute il y eut d'autres influences morales et économiques qui facilitèrent le développement de la ville de Dijon. Mais elles ne permettent pas de négliger le cimetière et sa franchise qui nous paraissent mériter d'être mis en pleine lumière.

(1) Sur la réunion des communiers dans le cimetière de Saint-Bénigne, Garnier, *Chartes de communes*, t. I, p. 43, note 2. On trouve d'ailleurs cette indication à peu près dans tous les registres du secret des Archives municipales. Il n'y avait pas là un usage spécial à Dijon. A Beaune l'assemblée communale se tient sur le cimetière du prieuré de Saint-Etienne. Ce cimetière dépendait de l'abbaye de Saint-Bénigne de Dijon qui céda ses droits aux carmélites qui s'y établirent en 1619. Garnier, *Chartes de communes*, I, p. 229. A Châtillon-sur-Seine, pour Chaumont, l'élection a lieu sur le cimetière de l'église Notre-Dame. Lapérouse, *Histoire de Châtillon*, p. 256. A Auxonne, c'est dans l'église Notre-Dame elle-même. Garnier, *Introduct.*, p. 337; à Talmay, l'assemblée se tient sous le porche de l'église, en réalité sur le cimetière (communication de M. Gabriel Dumay); à Seurre, l'on va dans l'église paroissiale; à Semur dans le jardin du prieur de Notre-Dame. Garnier, *Introd.*, p. 310 et 311; à Nuits l'on va dans le verger de la cure, Vienne, *Essai hist. sur la ville de Nuits*, Dijon, Lamarche, 1845, p. 103; à Saint-Désert (Saône-et-Loire), les assemblées d'habitants pour les affaires de peu d'importance se font en plein air devant l'église. Demaizière, *Notice hist. sur Saint-Désert*, Mâcon, 1896, p. 33.

Des recherches spéciales augmenteraient cette liste. Pour Vitteaux le document cité à la page 148 note 4 in fine rend ce fait très vraisemblable.

D'ailleurs l'usage était encore général au début du XIXe siècle, Girault, *Essais hist. sur Dijon*, p. 43, nous dit : « dans les villages les assemblées des habitans se tiennent encore sur les cimetières ».

Sur l'importance qu'attachent les communiers de Beaune à la franchise du cimetière et à leur droit de n'y être pas troublés par les officiers du duc, voir supra, p. 53, note 4.

Nous ne voulons pas aller plus loin et entrer dans le débat soulevé sur le point de savoir si le droit spécial de la ville, le droit urbain, est sorti du droit de l'asile (1) plus encore que du droit du marché (2). On pourrait soutenir que le droit du fidèle d'aller à l'église (3) a facilité l'établissement du conduit du marché (4), puis du droit d'attrait (5) et de la répression de l'*infractio chemini* (6); que c'est l'emblème de l'asile, la croix, qui est devenu l'emblème du marché, puis celui de la justice de la ville (7); que la justice de l'asile peut s'être combinée avec la justice du marché et être devenue la justice de la ville (8); qu'enfin la paix de

(1) Nitzsch et Frensdorff cités par Huvelin, *oper. cit.*, p. 354, note 1 et Flach, *Origines de l'ancienne France*, II, spécialement pp. 182-196.

(2) C'est l'opinion de Sohm, suivi par Huvelin.

(3) Charlemagne est obligé de prendre des précautions pour empêcher les marchands d'éluder l'impôt des foires sous couleur de pèlerinages. Huvelin, p. 38.

(4) Sur les conduits de Bèze, Garnier, *Chartes de communes*, I, p. 535; d'Auxonne, ibid., II, 31, 32; de Verdun, ibid., II, 145; de Semur, ibid., II, 583; de Thil-Châtel, Arch. dép. G. 132, f° 80. A Chaumont il n'y a pas de conduit mais garde, Garnier, ibid., I, p. 406. A Nuits le conduit dure « dès le midi dou dimanche devant jusques au midi dou mardy ensuivant », Arch. dép., B. 400.

(5) Sur le droit d'attrait de Dijon, charte de 1187, § 35, Garnier, I, p. 12 note 2 et p. 14 note 1.

(6) Charte de 1187, § 29. Garnier, I, p. 10 et note 4. Le marchand a d'ailleurs une protection spéciale de la ville, charte de 1187, § 7.

(7) Sur la croix du marché voir des indications dans Huvelin, p. 354, note 4.

(8) Ce point est délicat. Il faut se rappeler que la justice rendue sur les lieux saints ne peut amener de condamnation à mort ni de mutilation, suivant les capitulaires de l'époque mérovingienne (cités par Brunner, *Deutsch. Rechtsg.*, II, p. 610, note 11). C'est là une règle encore mentionnée par les décrétales, c. 5, X, III, 49. La justice du cimetière dut se présenter donc comme une sorte de

l'asile (1) peut très bien avoir facilité la paix du marché (2) et plus tard la paix de la ville (3). Cette théorie qui a le tort d'être trop systématique, et que l'on ne pourrait appliquer à toutes les villes, est séduisante du point de vue dijonnais. Elle permet de comprendre comment s'est établi le « plenarium usum fori », la complète liberté de vendre, que le duc avait accordée à ses hommes avant l'année 1172 (4) et qui semble calquée sur le droit de marché accordé auparavant par Garnier aux hommes de Saint-Etienne (5); et pourquoi l'on ne parle pas à Dijon d'une paix spéciale du marché: puisque la première paix du marché dijonnais semble avoir été la paix des morts (6).

justice de police: ce qui est le caractère de la justice du marché).

(1) Le concile de Verdun-sur-Saône de 1027 rappelle que la paix s'étend au pourpris des églises et aux *lieux saints* et le pacte de paix de 1033, dans son premier article, rappelle le respect de l'asile, Petit de Vausse, *Histoire des ducs de Bourgogne*, I, p. 129.

(2) A Auxonne le marché est libre. Garnier, *Chartes de communes*, II, p. 28; de même à Cortevaix et à Oyé. Ibid., III, p. 488; à Véronnes, ibid., II, p. 416.

Dans d'autres chartes, comme celle de Dijon, on ne parle pas de la franchise de la foire et du marché: cela n'a rien d'étonnant si dans ces lieux le marché se tient sur le cimetière. Le cimetière étant franc, il n'y a pas besoin de proclamer une franchise spéciale du marché. Chasseneuz, dans son commentaire sur le titre 2 de la coutume, remarque d'une façon générale que « in mercato non fiunt executiones et pignerationes, nec etiam in nundinis ». *Consuetudines ducatus Burgundiæ*, Coloniæ Allobrogorum, Crispini, 1616, col. 113.

(3) La paix de la ville est punie par l'amende de l'*infractio castri*, ch. de 1187, § 26, Garnier, *loc. cit.*, I, p. 10 et note 2.

(4) Pérard, p. 215; Fyot, n° 216.

(5) Voir *supra* p. 67 et note 2.

(6) Voir *supra* la note 2.

V

Décadence et disparition des cimetières de la ville.

Le singulier assemblage du cimetière et du marché devait se rompre quand disparurent les circonstances qui l'avaient amené. Il ne s'expliquait que par les primes juridiques et économiques qu'il offrait aux marchands et par une sorte d'indifférence des esprits à qui la tradition voilait le caractère choquant et dangereux pour l'hygiène, des vieux usages. Or vers les xve et xvie siècles surgirent des événements nouveaux et des pensées nouvelles qui déplacèrent les points de vue. On attaqua fort bien on défendit fort mal les immunités et les franchises ecclésiatiques qui s'émiettèrent dans des séries de distinctions juridiques les rendant, en fait, inapplicables. L'attrait économique s'en alla. Le cimetière très rétréci ne fut plus propre aux rassemblements. D'un autre côté l'opinion publique transformée se mit à regarder comme une pratique irrévérente et nocive la tenue des marchés dans de tels endroits. Celle-ci cessa donc ; mais ce ne fut pas sans luttes. Le cimetière résista longtemps, et ce n'est qu'à la fin de l'ancien régime que la municipalité s'empara de ses derniers restes.

Elle avait été précédée par les ducs de Bourgogne qui semblent être parvenus à conquérir progressivement le monopole des marchés dijonnais en les changeant souvent de place. Le calcul était simple : le duc n'envahit pas l'immunité, il l'entoure : de la sorte il peut ou empêcher le marchand de s'y rendre ou débattre les conditions de son admission.

Telle nous semble la politique suivie depuis les débuts du XIIe siècle. Les abbayes de Saint-Bénigne et de Saint-Etienne en 1103 sont obligées, lors de la discussion sur les lieux de foires, de stipuler respectivement que jamais « qua[illegible]bet occasione mercatum illud a loco in quo primo [illegible]utum erat, sine laude et assensu monachorun, removeretur (1) ».

« Quod feriam quandoque fortasse futuram nec forum de suo loco, id est de terra sancti Stephani, amplius removeret (2). »

En 1187 les bourgeois de Dijon prennent la même précaution.

Le duc promet « nundinas sancti Joannis et nundinas omnium sanctorum et forum sabbati et diei Mercurii non... removere de locis in quibus erant anno quo eis hanc cartam dedi » (3).

Alors même que le duc accepte les marchés ecclésiastiques il a soin souvent de se réserver la justice : c'est ce qu'il fit pour la foire de la Saint-Jean concédée vers 1103 (4). Les officiers du duc n'auront le droit de percevoir l'exaction dite *cautio* sur un homme de Saint-Bénigne que s'il s'occupe du marché « si... de mercato se intromiserit (5) », et lorsqu'on abandonne à Saint-Etienne, en 1172, tout droit de justice sur les

(1) Petit de Vausse, *Hist. des ducs de Bourg.*, I, preuves, nº 131.

(2) Fyot, preuves, nº 81.

(3) Charte de 1187, § 41.

(4) Voir plus haut, p. 59 note 1.

(5) Dom Plancher, I, preuves, nº 47. Il ne faut pas oublier que le duc s'est réservé la justice de la foire.

hommes de l'abbaye, l'on a soin d'en excepter le *furtum* ou la *bellum* commis *in foro* si le délit est avoué (1).

Mais le moyen le plus sûr c'était de transporter le marché sur un terrain sécularisé, comme l'emplacement du *forum vetus*. De la sorte aucun obstacle ne s'opposait plus à l'exercice de la justice du duc. Il percevait les droits d'étalage (2), les péages, les ventes, les amendes pour fausses mesures, en un mot tous les droits justiciers du marché (3).

Une question que l'on peut se poser à propos des documents précédents c'est celle de savoir si dans les chartes où le duc se réserve la justice du forum le mot forum visait tous les marchés en général ou [illegible]ement les marchés qui se tenaient soit à Saint-Bénigne soit sur le *forum vetus :* ce dernier emplacement constituant désormais le lieu le plus important des marchés dijonnais en dehors des cimetières. J'aurais tendance à accepter la seconde opinion (4), car les procès sur les marchés du cimetière de Notre-Dame en 1412 (5) et la prétention de l'abbé de Saint-Etienne

(1) Fyot, preuves, n° 181.

(2) Dans la charte de 1187, § 12, il promet de ne pas élever le taux de location des étaux au-dessus d'un certain prix.

(3) C'est peut-être en partie pour dédommager les abbayes qu'on voit le duc exonérer « ab omni exactione regali et ducali » deux hommes de Saint-Étienne vers 1171 (Fyot, *oper. citat.*, preuves, n° 179), et deux hommes de Saint-Bénigne, vers 1175 (Dom Plancher, *Hist. de Bourg.*, I, preuves, n° 90).

(4) La concession à Saint-Étienne de la justice sur ses hommes, sauf le cas de furtum ou de bellum commis in foro n'est pas défavorable à cette conception. Si le duc n'avait pas fait cette réserve, ses officiers n'auraient pu justicier les hommes de Saint-Étienne même pour les délits commis sur le forum vetus.

(5) Notons que dans le mémoire que fit paraître la mairie, c'est en invoquant un droit de police général, et nullement la concession

d'avoir le monopole de la vente et de la police de ce marché ne se comprennent bien qu'en admettant la seconde hypothèse ou, tout au moins, en supposant, qu'en fait, les religieux continuaient à jouir de privilèges de location, d'étalage, de police dans le voisinage immédiat de l'église.

Ces marchés des cimetières, bien diminués en clientèle par l'installation du *forum vetus*, devaient être à la fin complètement envahis par le pouvoir civil. Dès le XIIe siècle, l'organisation des états féodaux avait fait de grands progrès dans toute la France et surtout en Bourgogne, où l'anarchie et le morcellement de la souveraineté ne furent jamais poussés aussi loin que dans les provinces du nord. Le droit de justice sur le marché fut considéré comme devant revenir, régulièrement aux seigneurs qui tiennent en baronie (1) et la juridiction des églises sur leur cimetière commença d'être vue de fort mauvais œil.

La lutte devint très rude après l'établissement de la commune de Dijon par les chartes de 1183 et 1187 et l'acquisition du *bannum divionense* de la vicomté (2). Les bourgeois, qui avaient souvent leurs maisons installées sur les cimetières, firent de grands efforts pour faire reconnaître la liberté du commerce, non seulement dans leur maison mais dans tout l'espace con-

d'un droit spécial sur les marchés, que la mairie prétend s'occuper des marchés des cimetières. De plus elle ne cite pas les chartes précédentes, en particulier celle de 1172, ce qu'elle n'aurait pas manqué de faire si cette charte lui avait reconnu un droit de marché. Il est vrai qu'on peut objecter que la municipalité de 1412, pouvait très bien ignorer ces chartes.

(1) Voir les textes cités par Huvelin, p. 183.

(2) Garnier, *Chartes de communes*, I, p. 27.

sacré. Ils étaient nombreux et organisés, ils devaient triompher. La mairie, leur agent, eut cependant fort à faire. Elle n'avança que peu à peu, à coups de procès, mais elle avança.

Ce fut par la voirie que la municipalité attaqua d'abord le cimetière. Sous l'influence des doctrines des glossateurs la *via publica* non seulement était comptée parmi les *bona publica* et *regalia* mais encore celui qui s'en emparait commettait un sacrilège, car elle était chose sainte (1). Contre le saint cimetière s'éleva donc la voirie sainte.

En invoquant le droit de la place publique la municipalité planta au XIVe siècle des ormeaux ; les religieux de Saint-Etienne les arrachèrent en invoquant le droit du cimetière de Saint-Michel (2).

L'attaque resta faible tant que durèrent les ducs de Bourgogne dans les officiers desquels les magistrats de la ville de Dijon trouvaient des compétiteurs. Un arrêt du parlement de Paris du 14 juillet 1386 (3) décidait que des experts devaient visiter les « places communes estans en la ville » et faire enlever les

(1) Chasseneuz dans son commentaire sur le titre des justices, édition citée, col. 68, explique que les choses publiques doivent jouir du même privilège que les choses sacrées, que celui qui prend la voie publique doit être puni d'une peine plus forte que le péculateur, que celui « *qui pecuniam regni subtrahit* »... La raison *quia dignior est via publica quam pecunia : cum pecunie vilis et abjecta sit condicio...*

(2) Arch. mun., B, 133, f° 76 v° (20 août 1389). Défense aux religieux de l'abbaye de Saint-Etienne d'arracher les ormeaux plantés « devant la maison de Guiot l'esservelé sous prétexte qu'il est en leur cimetière ». La ville prétend que tous les ormes des cimetières lui appartiennent.

(3) Garnier, *Chartes de communes*, I, p. 81.

édifices et empêchements qui seraient « en trop grant préjudice de lui (le duc) et de la chose publique » ; décision qui fut renouvelée par la transaction du 31 août 1443 (1).

Ce fut Louis XI qui, pour se concilier les bonnes grâces des Dijonnais, par ses lettres patentes du 30 mai 1478, accorda aux magistrats « la connaissance des places communes de l'intérieur de la ville ainsi que le droit d'en jouir et de les donner à cens au profit de la ville comme ils le faisaient avant que le procureur du dernier duc n'ait voulu empiéter sur leurs droits » (2). Ces lettres patentes furent fatales à Saint-Etienne qui défendait alors, avec énergie, ses logettes et places communes situées devant l'église Saint-Michel. Un mandement du bailli de Dijon, du 4 juillet de cette même année, nous apprend que le procureur syndic de la ville étant, ce jour-là, à l'audience au sujet d'un procès entre la ville, l'abbé de Saint-Etienne et les officiers du roi, relatif à ces logettes et places communes ; les lettres précédentes furent présentées au tribunal ainsi que d'autres lettres closes adressées de Cambrai, le 6 juin, par le roi à ses avocats et procureur au bailliage pour leur faire connaître sa volonté de laisser les habitants jouir des places communes. Les magistrats déférant à l'ordre du roi renoncèrent à l'instance (3).

(1) Garnier, *Chartes de communes*, I, p. 106, cf. Arch. mun., B. 157.

(2) Nous trouvons un vidimus de ces lettres patentes, aux Arch. mun., I, 1 *(Trésor des chartes)* ; elles sont d'ailleurs reproduites dans toutes les contestations élevées par la suite sur la justice. Par exemple ; Arch. mun., K, 100.

(3) Arch. mun., K, 128.

Il fallut ensuite débarrasser les places publiques ainsi obtenues des autres droits gênants qui entravaient encore sur elles le libre exercice de la justice municipale. La requête du 5 mai 1510 (1) que nous avons longuement analysée, et dans laquelle la municipalité demande le droit de passer sur les anciens cimetières, montre bien la tactique suivie : on invoque l'usage profane du cimetière pour réduire à rien la franchise du cimetière ; on use aussi des droits de justice pour l'emplir de maisons nouvelles que la mairie donnera à cens.

En 1514 (2) Louis XII décide que pour remplacer les maisons brûlées pour la défense de la ville et considérant « que dans le pourpris de Dijon autour des couvents et gens d'église, il y a des places vuides en plus grande spaciosité qu'il ne leur est nécessaire », enjoint au maire « de faire bail perpétuel de ces places vuides aux pauvres gens moyennant un prix et cens raisonnable ». C'était un nouvel empiétement, une nouvelle prise considérable sur les cimetières des églises (3). Un accord curieux de 1429 passé entre Saint-Bénigne et la municipalité révèle bien quel usage celle-ci fait de la voirie : on reconnait à Saint-Bénigne la justice sur un pourpris assez étendu et même sur les places

(1) Voir *supra*, p. 24 et ss.

(2) Arch. mun., K, 128.

(3) A Semur nous trouvons une lutte pareille mais le curé de Semur fut plus heureux. Nous avons un arrêt de 1637, qui maintient le prieur et les religieux de N.-D. de Semur dans leur droit, en qualité de curés primitifs, de faire tenir libre le cimetière de la ville. On casse un accensement d'un terrain avoisinant passé par la municipalité à laquelle on défend d'entreprendre à nouveau sur le cimetière. Arch. dép. de la Côte-d'Or, B, 12211, f° 311, v°.

qui se trouvent à l'intérieur, mais il est stipulé que si l'abbaye bâtit des maisons et qu'elles aient issue sur la voie publique, c'est la municipalité qui aura la juridiction sur elles (1). On n'étrangle pas l'immunité ecclésiastique, on l'étouffe.

Cela n'empêche pas les officiers municipaux de porter des coups plus directs. Par un acte du 24 août 1477, le roi Louis XI ayant confirmé leur prétendu monopole de faire seuls des exploits de justice dans la ville et banlieue (2), l'audace des bourgeois ne connut plus de bornes. L'année suivante le sergent-trompette de la ville poussait le zèle jusqu'à venir saisir un cheval dans le pourpris du monastère (3). Dès lors s'engagea une interminable série de procès sur le droit de justice dans l'enceinte même du monastère où la ville prétend faire porter « verges hautes » à ses sergents (4). L'abbaye invoque sa possession, la ville ses lettres patentes. A chacun des efforts des religieux (5) pour retenir l'immunité qui s'échappe la mairie répond par un procès où ses titres tout frais font souvent meilleure figure que les possessions vénérables et lointaines invoquées par Saint-Etienne. On fit tant que le 12 avril 1510 on obtint d'un vicaire de l'abbé commendataire

(1) Arch. mun., C, 17. Le pourpris de Saint-Etienne recule au xve siècle. Il n'embrasse plus que la chapelle Saint-Vincent, l'église Saint-Médard, la chambre de l'abbé et le cimetière de Saint-Médard. Arch. dép. de la Côte-d'Or, G, 230, f° 193.

(2) Garnier, *Chartes de communes*, I, p. 111. Il y a là un droit souvent rappelé. Avant qu'un sergent ne fasse des exploits en ville, il lui faut la licence de la mairie. Arch. mun., C, 1.

(3) Arch. mun., C, 27 (1478/9).

(4) Arch. mun., C, 22. Arch. dép. de la Côte-d'Or, Fonds de Saint-Etienne, G, 229.

(5) Cf. *supra* p. 66, note 3.

de Saint-Etienne, messire Claude de Tonnerre, évêque de Poitiers, une déclaration suivant laquelle l'abbé aurait reconnu n'avoir aucun droit de justice à Dijon et dans la banlieue (1) : déclaration inexacte après tout ce que nous avons vu précédemment, déclaration qui n'empêcha pas d'ailleurs les procès de reprendre de plus belle.

L'évêque de Langres voulut intervenir en lançant l'excommunication contre les opposants à sa justice. Mais l'excommunication, en 1516, est une arme qui n'effraie plus. Devant l'appel comme d'abus de la mairie, l'évêque est contraint de déclarer qu'il n'a pas entendu viser les magistrats (2). Les procès recommencent en 1537 sur les accensements municipaux des logettes de Saint-Michel (3) : en 1540 sur le droit de justice dans le pourpris du monastère : le débat dure vingt et un ans. Une nouvelle procédure est soulevée un siècle plus tard, en 1643, sur la justice des hommes de Saint-Etienne : elle dure, cette fois, soixante-six ans. Entamée au tribunal de bailliage, puis portée devant le parlement, elle n'aboutit à rien. Plusieurs arrêts furent rendus en vain (4). De guerre lasse les deux parties finirent par conclure un compromis, le 9 mars 1709. Il fut décidé que les abbé et chapitre seraient maintenus dans tous leurs droits de justice civile et criminelle, tant sur les membres de l'abbaye, officiers et suppôts, que sur les valets de l'abbé habitant à l'abbatiale et

(1) Arch. mun., C, 24.
(2) Arch. mun., C, 25.
(3) Arch. mun., K, 100. Il y a une enquête de six témoins qui déposent que les places communes appartiennent à la ville de Dijon.
(4) Arch. mun., C, 29.

dans le pourpris du couvent ; mais ces droits s'exerceront seulement lorsque l'abbé résidera. Quant à la ville, elle conservait ses droits de justice sur tous les habitants et tous les séculiers employés dans ladite église, ainsi que dans les habitations des membres du chapitre et dans l'abbatiale, en l'absence du prélat. Le tout sans préjudice de l'exercice habituel de la police. Ainsi de la large immunité et de l'immense cimetière que nous avons étudié précédemment, il ne reste plus rien qu'une compétence personnelle sur certaines personnes quand l'abbé est là, et quelques petits cimetières étriqués, serrés autour des églises, mangés par les places (1) publiques, les rues et les maisons qui les entourent.

Quel avantage procurent-ils aux marchands ? On ne le voit guère. S'il se tient encore sur eux quelques petits marchés, c'est par routine plutôt que par besoin économique ou juridique. Les autres endroits ne manquaient plus puisque, pour la plus grande partie, les anciens cimetières étaient désaffectés et convertis en places publiques ; et une protection spéciale n'existait plus puisque, dès le xve et surtout pendant le xvie siècle, le droit d'asile, fortement battu en brèche, tendait à disparaître (2) complètement et ne procurait plus que des

(1) Le 28 juillet 1680 l'église et le cimetière de Saint-Médard sont aliénés à la ville pour être convertis en places publiques. Arch. dép. de la Côte-d'Or, G, 193. En 1525 Saint-Étienne avait démoli les maisons qui se trouvaient près de Saint-Michel pour agrandir la voie publique. Arch. dép. de la Côte-d'Or, G, 135, f° 96.

(2) Le droit d'asile est encore pleinement reconnu au xve siècle. Voir un procès sur la violation du droit d'asile aux jacobins. Arch. mun., C, 20 et un article de Marion, *Bibl. de l'École des Chartes*, II, p. 254. Postérieurement il fut bientôt réduit à rien par mille

avantages illusoires. Néanmoins quelques marchands restaient, très conservateurs comme des hommes d'ancien régime. Il fallut que l'opinion publique s'en mêlât, et qu'on leur retirât, en quelque sorte, de dessous les pieds ce cimetière auquel ils étaient tant attachés (1).

L'opinion publique au moyen âge c'était surtout l'opinion de l'église. Elle était nettement défavorable à la pratique dont nous parlons. Les capitulaires de Benoit le Lévite (2), puis les décrétales de Grégoire IX qui réprouvaient les tenues de justice dans les églises et leur pourpris (3), furent suivis au XIIIe siècle de déci-

exceptions juridiques. Le malfaiteur poursuivi ou échappé des mains des officiers ne peut plus s'en prévaloir, Arch. mun., C, 20; B, 162; G, 21. Chasseneuz, dans son commentaire sur le titre des justices, § V, montre que la jurisprudence est encore moins favorable que lui au droit d'asile. Nous voyons même que le 12 juillet 1513 le parlement de Dijon commence à appliquer une pratique qui devait réduire à rien la franchise : on rétablissait le criminel arrêté dans son droit de franchise, mais en fait on le gardait et on instruisait son procès. Chose remarquable c'est précisément le procédé que l'ordonnance de Villers-Cotterets de 1539, art. 166, devait recommander vingt-six ans plus tard. Isambert, *Recueil des ordonnances*, t. XII, p. 631. Toutefois le parlement de Dijon n'agit qu'avec prudence : en 1539, il n'ose pas encore faire arrêter en lieux saints les hommes qui s'étaient « difformés » en religieuses pour battre un sergent. Voir cet arrêt et le précédent, Bibl. municipale de Dijon, Fonds Saverot, n° 1, t. I, f° 91. — En 1635, les chanoines de Saint-Étienne invoquaient encore, mais vainement, le droit d'asile. Arch. mun., B, 273.

(1) On ne peut pas dire qu'en 1670, il n'y a plus de marché sur le cimetière de Saint-Michel parce que la délibération du 29 août indique simplement que le marché aura lieu sur la place. Arch. mun., B, 309. Souvent le mot place indique en même temps le cimetière.

(2) Cap. 156, Baluze, I, p. 855 ; cap. 153, Baluze, I, p. 851.

(3) Au moins quand les sentences aboutissaient à la mort ou à la

sions de conciles. L'important concile de Lyon de 1274 déclare que les marchés doivent cesser sur les cimetières.

« Cessent in ecclesiis, earumque caemiteriis negotiationes et praecipue nundinarum ac fori cujusque tumultus (1). »

Le concile de Cambrai de 1383, les statuts synodaux de cette ville et ceux d'Amiens défendaient également dans le nord de la France « in cimiteriis et ecclesiis... forum rerum venalium... subhastationes, venditiones vel executiones (2) ».

Ces décisions ne furent pas écoutées, de suite, en Bourgogne, mais la réforme protestante (3) et la contre-réforme catholique ramenèrent l'attention sur les marchés du cimetière. Depuis que ces cimetières formaient l'objet de contestations très vives entre protestants et catholiques qui refusaient aux premiers le droit de se faire enterrer en terre bénie (4), l'on sentait la nécessité d'apporter plus de décence et d'extérieur de piété dans les actes accomplis sur les champs funèbres. Les foires et marchés furent donc prohibés à nouveau par les conciles de Bourges du 21 mars 1527/8 et

mutilation, cap. 5, X, III, 49. Adde : Synode de Rouen de 1190, can. 18; de Saumur en 1253, can. 6; de Ruffec en 1258, can. 10.

(1) Cap. XXV, Mausi, *Sacrorum conciliorum nova et amplissima collectio*, Paris, 1903, p. 99. A l'étranger nous trouvons les mêmes décisions au synode de Londres de 1268, can. 35.

(2) Martene et Durand, *Veter. Mon.*, t. VII, col. 1308, col. 1236.

(3) Le concile de Bâle de 1435, XXIe sess., can. 11, protestait contre les marchés dans les églises.

(4) Sur les contestations entre les protestants et catholiques au sujet du cimetière, Arch. mun., B, 200, 202, 207, 208, 209, 220, 237, 238; D, 63, 66.

1584 (1), enfin par un concile de Bordeaux de 1624. A la voix de ces conciles répondait parfois celle des parlements voisins du duché. En 1684, le 20 décembre, le parlement de Besançon défendait à toutes sortes de marchands d'exposer leurs denrées sur les cimetières et à l'entrée des églises sous peine de confiscation et de 100 livres d'amende (2). Il est possible que des arrêts semblables aient été rendus dans le duché mais l'état incomplet des archives du parlement ne nous permet pas de les retrouver.

Le cimetière dont le commerce était mal vu devenait, en même temps, de plus en plus solitaire. Un arrêt du parlement de Dijon du 12 décembre 1609 avait décidé que l'on ne pourrait y acquérir par prescription un droit de passage que si l'on avait une maison y touchant (3), et un édit de 1695 obligeait à les entourer de murs (4). Peut-être même, à Dijon appliquait-on les arrêts du parlement de Paris (5) qui décidaient que les fenêtres des maisons donnant sur de tels endroits, devaient être grillées avec du fer

(1) Titre 23, canon 7.

(2) Merlin, *Répert.*, v° cimetière.

(3) Cité par Merlin, *Répertoire de jurisprudence*, v° cimetière. Cet arrêt est rapporté par Bouvot, t. II, quest. 7, et Lalaure, *Traité des servitudes*, t. I, ch. 8.

(4) L'auteur de la *Notice sur la ville de Dijon et ses environs*, Dijon, Paris, 1817, p. 34, indique qu'à Saint-Michel, il y avait un mur à hauteur d'appui. Le mur du cimetière de Saint-Jean est visé dans une délibération du 31 juillet 1761 qui permet à la fabrique de le réparer. Ce cimetière se nommait alors le cimetière des pauvres. Arch. mun., B, 395. Sur les murs du cimetière de Saint-Médard, délibérat. du 27 août 1769. Arch. mun., B, 503.

(5) Arrêtés du 17 janvier 1609 et du 30 juin 1627, rapportés par Merlin, *loc. cit.*

maillé et fermées avec des verres dormants. Dès lors les champs des morts isolés, dépeuplés, entourés de maisons grises et sans vie, ne virent plus guère de clients autour des logettes collées aux flancs des églises. Pour comble d'infortune ils devinrent suspects, l'on en eut peur. Les envahissements successifs des maisons et des places publiques les avaient réduits à une telle exiguïté qu'ils étaient devenus notoirement insuffisants et des foyers de pestilence pour la ville. C'est en vain que la municipalité ordonnait de creuser plus profondément les tombes (1); les cadavres se trouvaient tellement empilés les uns sur les autres que les fossoyeurs, en approfondissant les fosses, mettaient à jour des lambeaux de chair en putréfaction (2), toutes sortes d'affreuses trouvailles qui remplissaient l'air de miasmes délétères. Il faut lire le mémoire du docteur Maret sur ces charniers dijonnais; noter ce qu'il dit de cette odeur malsaine qui régnait dans les églises de la ville tellement pleines de morts que souvent, sauf un ou deux pieds de terre, les dalles semblaient posées à même sur les cadavres, pour comprendre la répulsion qu'inspirèrent les cimetières urbains de Dijon à la fin du XVIIIe siècle. L'infection de la cathédrale de Saint-Étienne était telle que les fidèles furent contraints de l'abandonner, et qu'elle fut l'endroit pestilentiel choisi par le célèbre Guyton

(1) Dès l'année 1769 on ordonne de creuser des fosses ayant au moins quatre pieds et demi de profondeur pour les inhumations Arch. mun., B, 403. En 1779, on exige six pieds de profondeur Arch. mun., B, 413.

(2) *Mémoire sur l'usage où l'on est d'enterrer les morts dans les églises et dans l'enceinte des villes*, par Maret, docteur-médecin. Dijon, Causse, 1773, in-8.

de Morveau, le 6 mars 1773, pour ses fameuses expériences sur la désinfection de l'air. Hors de l'église, même à l'air libre, dans les enclos funèbres étouffés entre les maisons qui les enserraient de trop près, nous dit Maret (1), « règne une humidité constante. aussi se répand-il souvent dans le voisinage des exhalaisons malsaines qui pénètrent les maisons, frappent disgracieusement l'odorat des personnes qui les habitent et y altèrent les aliments. » L'Académie des sciences, arts et belles-lettres de Dijon applaudit vivement au mémoire de Maret; elle en fit distribuer des copies et en encouragea l'impression. Une solution rapide était d'autant plus inévitable que, dans tout le royaume, la même question se posait. On accueillit avec satisfaction l'ordonnance du 10 mars 1776 qui y prescrivait de porter les cimetières hors de l'enceinte des villes si la salubrité le demandait (2).

Cette ordonnance fut fatale aux cimetières urbains de Dijon. Avec l'approbation du haut clergé (3), on résolut de les écarter de la cité (4) et même de les réunir en un cimetière général à la porte Guil-

(1) *Loc. cit.*, p. 57.

(2) Arch. mun., D, 67. Voir dans Merlin, *Rec. de jur.*, v° cimetière, les arrêts du parlement de Paris de 1763 et 1765 qui précédèrent notre ordonnance. La prohibition d'enterrer dans les cimetières fut renouvelée par le décret du 23 prairial an XII.

(3) Arch. départ. de la Côte-d'Or, B, 12111 (au greffe de la cour d'appel), et Arch. mun., D, 67; adde, Arch. mun., B, 414, relatant l'homologation des mandements de l'évêque de Dijon du 27 avril 1780 et du 28 octobre 1780, défendant d'inhumer dans les anciens cimetières.

(4) Délibérations du 26 février 1780, indiquant les terrains où devront être placés les trois cimetières projetés. Arch. mun., B, 414. Le 17 juin, on demande la permission d'acheter à l'intendant.

laume (1). Les derniers marchands des cimetières, les locataires des petites logettes, se trouvèrent désormais sur la place publique.

Quant au cimetière il est devenu cet enclos désert et muet, si plein de solitude, que l'on a éloigné, de plus en plus (2), des abords de la cité.

Ce n'est pas de ce maussade et triste endroit que nous avons voulu parler, mais du franc, mais du vaste et du vivant cimetière du moyen âge sur lequel nous avons vu s'assembler les hommes et les maisons, arriver les marchés, s'abriter la commune, se créer les paroisses, et dont on pouvait dire dans le sérieux des documents officiels qu'il était « la plus belle place publique de la ville ».

E. CHAMPEAUX.

(1) Le 3 janvier 1781, un plan géométrique est dressé par le voyer pour l'établissement du cimetière général de la porte Guillaume. En mars 1781, on fit l'acquisition de terrains à la porte Guillaume pour ce cimetière. Arch. mun., D, 67. L'ouverture du nouveau cimetière eut lieu le 1er mai ; la bénédiction le 10 mai 1783, Arch. mun., B, 417.

(2) Le cimetière de la porte Guillaume, après des agrandissements successifs en 1828, 1840 et 1860, fut remplacé par le cimetière des Péjoces dont l'ouverture fut faite le 1er juillet 1885, *Progrès de la Côte-d'Or* du 1er juillet 1885.

Extrait des Mémoires de l'Académie des Sciences, Arts et Belles-Lettres de Dijon, 4e série, tome X.

TABLE

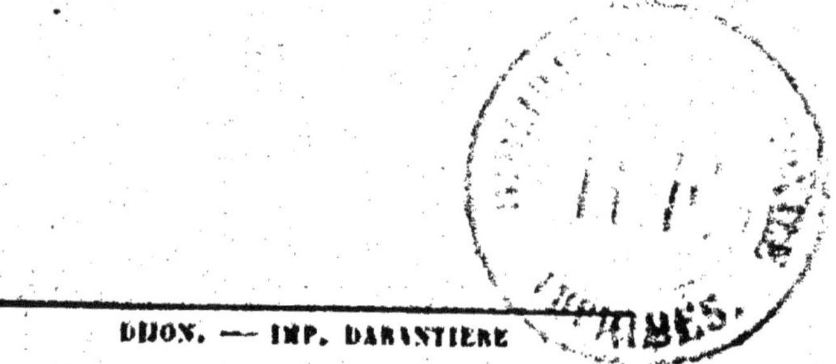

DIJON. — IMP. DARANTIERE

www.ingramcontent.com/pod-product-compliance
Ingram Content Group UK Ltd.
Pitfield, Milton Keynes, MK11 3LW, UK
UKHW021005200726
13857UKWH00004B/1288